Antonio Elster

Auswandern.
Die wichtigsten Schritte.

Antonio Elster: Auswandern. Die wichtigsten Schritte

© 2010 Antonio Elster. Alle Rechte vorbehalten. Erste deutsche Auflage. Titelbild/Einbandgestal-tung Antonio Elster. Herstellung und Verlag BOD GmbH, Norderstedt. ISBN 978-3-8391-2273-0. Printed in Germany 2010

1. Vorwort

»Get it while you can«
(Janis Joplin, 1969)

Auswandern. Deutschland wirklich verlassen. Sein persönliches Glück woanders suchen. Wer hat daran noch nicht gedacht ? Aber es wirklich anpacken - dazu muß man schon ein bißchen verrückt sein. Die gewohnte Umgebung, die sichere Arbeitsstelle, gute Freunde - alles aufgeben. Aber ist es wirklich so schlimm? Heutzutage ist die gewohnte Heimat auch vom anderen Ende der Welt nur ein paar Flugstunden entfernt. Und wirklich gute Freunde sollten eigentlich gute Freunde bleiben. Na klar, einige liebgewordene Dinge muß man schon zurücklassen. Doch was gibt es dagegen nicht alles zu gewinnen!

Bei der Vorstellung, mir irgendwann in ferner Zukunft einmal eingestehen zu müssen »...ja damals, hättest Du nur...« war mir nicht wohl. Vielleicht kennen auch Sie das unangenehme Gefühl der verpaßten Chance. Ich wollte es wenigstens versucht haben, denn - versucht man sein Glück, so wird man nur vielleicht Erfolg haben. Unternimmt man aber nicht einmal einen Versuch, so wird sich niemals Erfolg einstellen. Daher finde ich es immer wieder erstaunlich, daß so viele Menschen ob eines »vielleicht« zaudern, wo doch die einzige Alternative im »niemals« besteht. Man sollte seine Ideen und Wünsche einfach anpacken, ohne Zögern, und solange es noch möglich ist. Siehe oben, Janis Joplin.

Das Leben ist schön in Übersee oder anderswo. Wer nicht zu blauäugig seinen Weg sucht, und das werden die wenigsten Menschen tun, die es geschafft haben ein Residence-Visum zu erhalten, wird sich je nach Geschmack über ein ruhigeres, mehr der Natur verbundenes Leben in traumhaften Landschaften erfreuen können. Oder auch über ein freieres. Meist ohne den alltäglichen Streß und Hektik aus Mitteleuropa. Oftmals atmen Sie frische Meeresluft in einem Klima, das eben immer ein bißchen wärmer und ausgeglichener ist. Und oft liegen in Ihrer neuen Heimat einzigartige Naturschauspiele dicht beisammen. Trotz aller Natur müssen Sie aber auf die Errungenschaften unserer modernen Zeit und die Verbindung zum Rest der Welt nicht verzichten. Post- und Telefonverkehr ist nahezu überall auf der Erde hervorragend ausgebaut, die Stimme der Verwandten und Freunde ist nur ein Telefon weit weg, und Nachrichten per Fax oder Email senden und empfangen Sie sekundenschnell. Flüge gehen meist jeden Tag. Die Lebensmittel- und Energieversorgung liegt oft auf dem gewohnten Standard.

Ihre persönlichen Freiräume sind weiter gesteckt. Es lebt sich häufig einfach freier und weit weniger gegängelt. Sie müssen nicht um Erlaubnis ersuchen, einen eigenen, im Garten störenden Baum fällen zu dürfen, es gibt oft keine Zwangsmeldepflicht und falls Jagen zu Ihrem Hobby gehört, ist der Erwerb eines Waffenscheines überhaupt kein Problem.

Gut möglich, daß Ihnen schon nach kurzer Zeit manches, was bisher so wichtig und dringend erschien, völlig belanglos und nebensächlich vorkommt. Und irgendwann wird Ihnen bewußt, daß das Heimatland und die dortigen Gepflogenheiten nicht unbedingt der Mittelpunkt der Welt sind.

Aber es muß doch auch Nachteile geben? Die gibt es tatsächlich, sie hängen jedoch meist nicht mit dem Wunschland zusammen. Es handelt sich dabei um eine Art Sozialisierungsproblem. Als Auswanderer sind Sie aus Ihrem bisherigen Lebensumfeld vollständig herausgelöst. Alle Menschen und auch alle Lebensumstände, die Ihnen vielleicht lieb und wert waren oder einfach nur vertraut, sind von heute auf morgen nicht mehr erreichbar. Haben Sie keine Bekannten oder Verwandten im Zielland, so kennen Sie in der neuen Heimat erst einmal überhaupt niemand. Wohnen Sie vielleicht obendrein nicht in der Stadt sondern eher

ländlich, dann existieren vielleicht nicht einmal direkte Nachbarn. Sie müssen, vielleicht zum ersten Mal in Ihrem Leben überhaupt, für Ihre Lebensgestaltung und Ihren Lebensunterhalt regelrecht kämpfen. Nach einer ersten Eingewöhnungszeit aber, in der zunächst noch jeder einzelne Schritt im wahrsten Sinne des Wortes Neuland betreten bedeutet und natürlich irgendwie aufregend ist, regen sich bald Bedürfnisse nach Kommunikation, Austausch und Unterhaltung. Doch es wird noch niemand vorhanden sein, den Sie dafür als vertraute Person akzeptieren. Eine Freundschaft oder auch nur eine gewisse Vertrautheit zu bisher fremden Menschen dauert seine Zeit. Mein Rat an Sie ist: Unterschätzen Sie diese Probleme nicht. Bauen Sie nicht in blindem Optimismus auf das erreichte Ziel Auswandern und auf Ihre, wie Sie vielleicht glauben, unerschütterliche Partnerschaft. Eine Partnerschaft oder Familie allein ist schon nach kurzer Zeit für manche Menschen nicht mehr ausreichend als soziales Umfeld. Es reicht einfach nicht, »Klar, es klappt schon alles.« und »Ja, ich gehe gerne mit Dir.« zu sagen. Wie es, auch in dieser Beziehung, mir selbst ergangen ist, das können Sie bei Interesse lesen in „Auswandern. Die menschliche Seite."
Und nun wünsche ich Ihnen von ganzem Herzen Alles Gute für Ihr Vorhaben und verbleibe

Ihr Antonio Elster

2. A und O jeder Einwanderung: Ein Visum

In diesem Buch wird von echten Auswanderungen die Rede sein. Mit „echt" ist der Umzug in Länder, die nicht zur E.U. gehören, gemeint. In der Regel wird es sich also um Übersee-Umzüge handeln. Weltweit gibt es eine ganze Reihe beliebter Einwanderungsländer, als Beispiel sei etwa die USA, Neuseeland, Kanada, Australien und Brasilien genannt. Viele Menschen aus aller Welt zieht es aus ganz unterschiedlichen Gründen in diese Gegenden und nicht zuletzt profitieren auch diese Staaten und deren Bevölkerung von qualifizierten Immigranten. In diesem Ratgeber wird es überwiegend um Zielländer mit englischer Landessprache gehen.

Zur legalen und langfristigen Einwanderung benötigt man irgendeine Form einer ständigen Aufenthaltsgenehmigung (im folgenden Text „SAG") vom gewünschten Zielland. In den USA heißt diese ständige Aufenthaltsgenehmigung „Green Card", in Neuseeland „Permanent-Residence-Visum". Diese SAGs enthalten auch gleichzeitig die unbeschränkte Arbeitserlaubnis. Unberührt davon sind allerdings für manche Berufe Zusatzprüfungen vorgeschrieben, zum Beispiel für Mediziner.

Mit einer SAG in der Tasche können (nicht müssen) Sie sich im Zielland unbegrenzt lange niederlassen und arbeiten. Oft gibt es zusätzliche Visa-Möglichkeiten, um auch ohne eine SAG für einen längeren Aufenthalt einreisen und arbeiten zu dürfen.

In jedem Fall aber bleibt die Frage der Staatsangehörigkeit hiervon unberührt. Sie sind und bleiben zunächst Staatsbürger Ihres Heimatlandes. Erst mit Ablauf von einigen Jahren[1] gesetzestreuen Aufenthaltes[2] können Sie auf Wunsch die jeweilige

---

[1] Je nach Zielland unterschiedlich.
[2] Mal über eine rote Ampel oder etwas zu schnell fahren wird nicht angekreidet.

Staatsangehörigkeit beantragen. Eine Pflicht dazu besteht meines Wissens nach nie.

Verschiedene Einwanderer-Visa

Die Beweggründe für einen Einwanderungswunsch können sehr verschieden sein: Menschen möchten zu ihren Verwandten ziehen oder flüchten vor dem westlichen Streß, andere planen zu investieren oder suchen einen angenehmen Altersruhesitz. Um den unterschiedlichen Wünschen und Möglichkeiten der verschiedenen Einwanderungsinteressenten nachzukommen und diese individueller beurteilen zu können, werden weltweit im wesentlichen fünf Visa-Hauptkategorien genutzt, die in der Regel weiter unterteilt sind:

Allgemeine Einwanderer: In diese Kategorie fällt die überwiegende Zahl aller Einwanderer. Bewerbung und Auswahl erfolgt nach verschiedenen Kriterien wie Alter, Beruf, Familienstand. Ziel dieser Kategorie ist es in der Regel, die Einwanderung von beruflich qualifizierten Personen zu ermöglichen, die weder besonders begütert sind noch eine Verwandtschaftsbeziehung in das betreffende Land besitzen. Die Definition von »qualifiziert« und »nicht besonders begütert« ändert sich den jeweiligen Regierungsbedürfnissen entsprechend.

Investoren: Diese Kategorie ist für Personen gedacht, die im Zielland geschäftlich investieren möchten. Sie wird manchmal auch von wohlhabenden Menschen benutzt, um sich »einzukaufen«, ohne aktiv geschäftlich tätig zu werden. Ziel dieser Kategorie ist es, die Einwanderung von hochqualifizierten Personen mit ausgeprägten Wirtschaftskenntnissen und Erfahrungen im Unternehmensaufbau zu gestatten.

Familien: Unter diese Kategorie fallen alle Antragsteller, die an einer Familienzusammenführung interessiert sind. Mindestens ein Partner oder Familienmitglied muß dabei bereits Bürger oder SAG-Inhaber des Ziellandes sein.

8

Menschenrechte: Unter diese Kategorie fallen alle Anträge, die entweder mit einer Familienzusammenführung eines nicht engen Verwandtschaftsgrades zu tun haben, oder die zum Beispiel um Asyl aus politischen oder wirtschaftlichen Gründen bitten.
Spezial: In diese Kategorie fallen Sonderfälle aller Art. Zum Beispiel kann der Minister des Landes die Ausstellung einer SAG anweisen. Oder Personen mit besonderer Bedeutung, zum Beispiel Wissenschaftler in höchsten Ehren oder Weltklassesportler, können hierunter fallen.

Wie entscheiden die Behörden?

In vielen Ländern ist die Zahl der jährlichen Einwanderungs-Bewerber größer als die Zahl der angebotenen SAGs. Daher werden oft Auswahlverfahren benutzt, um die einzelnen Bewerber vergleichen zu können. Danach werden die besten ausgewählt. In der Regel werden dabei Ausbildung, Alter, Gesundheit, Familienstand und vieles mehr berücksichtigt. Es existieren auch andere Verfahren, zum Beispiel die amerikanische GreenCard-Lotterie, bei der tatsächlich eine gewisse Anzahl GreenCards jedes Jahr – verlost wird!
Grundsätzlich ist die Einreichung und Bearbeitung Ihrer Bewerbung sowohl im Heimatland als auch im Zielland möglich. Allerdings nicht immer: Als Tourist-Einreisender in die USA beispielsweise, also ohne jedes US-Visum, dürfen sie keinen GreenCard-Antrag (und auch keinen anderen Visumsantrag) stellen. Reisen Sie jedoch mit irgendeinem US-Visum ein, dann dürfen Sie einen Antrag stellen.
So gibt es jede Menge Feinheiten zu wissen, die sehr von Ihren persönlichen Umständen abhängen und die obendrein von Land zu Land stark variieren. Da dieser Ratgeber aus verständlichen Gründen nicht jedes Detail zu jedem Land aufzählen kann, ist dem Bewerber sehr zu empfehlen, sich mit den Einwanderungsregeln seines Wunschlandes genau auseinander-

zusetzen. Es lohnt sich. Freuen Sie sich einfach darüber, wie einfach Sie es heute, zum Beispiel dank Internet, haben und wie schwierig und aufwendig die Recherche früher war. Falls Sie daran denken, ein Bewerbungsverfahren um eine SAG vom Zielland aus durchzuführen, dann denken Sie bitte an folgendes: Im Laufe des Verfahrens werden viele persönliche Dokumente, Übersetzungen und Beglaubigungen angefordert. Diese müßten Sie im Regelfall aus Europa kommen lassen. Das ist teuer, risikobehaftet (Verlust auf dem Postweg, falsche Lieferung) und macht die Terminabgleichung schwierig. Außerdem – die Dauer des Verfahrens kann viele Monate bis hin zu Jahren betragen. Sind Sie dann lediglich im Besitz eines Touristenvisums (üblicherweise drei bis maximal sechs Monate), müßten Sie eventuell mitten im Verfahren das Land verlassen, weil Verstöße gegen Aufenthaltsvorschriften in aller Regel zur Ablehnung Ihrer Bewerbung und zur Ausweisung führen.

Häufige Grundvoraussetzungen an Einwanderer

1. GESUNDHEITSZUSTAND: SAPs werden nur sehr zögerlich vergeben an Menschen, deren Gesundheitszustand umfassendere medizinische Behandlung oder Pflege notwendig macht, oder deren Krankheiten eine Gefährdung für die Bevölkerung durch Ansteckung oder ähnliches darstellen können. Trifft einer dieser Fälle möglicherweise auf Sie zu, sollten Sie sich rechtzeitig über die konkreten Bestimmungen Ihres Wunschlandes informieren.

2. GUTER LEUMUND: Die Ausgabe eines SAPs erfordert in aller Regel einen guten Leumund. Dieser wird meist durch Auszug aus dem Register des jeweiligen Heimatlandes und/oder des Aufenthaltsstaates bestätigt. Unter die Gruppe der nicht erwünschten Personen fallen regelmäßig Straftäter, die zu rechtskräftigen Freiheitsstrafen mit einer Dauer von einem Jahr oder mehr innerhalb der vergangenen 10 Jahre verurteilt wurden. Des weiteren gehören dazu auch Personen, die in Verbindung mit kriminellen oder terroristischen Aktivitäten gebracht werden, ohne daß es bisher zu einer Verurteilung kam, oder Personen, die als öffentliche Gefahr angesehen werden.

3. ENGLISCH-KENNTNISSE: Oft muß ein Nachweis erbracht werden, über akzeptable Englischkenntnisse zu verfügen. Dazu reicht Ihr Schulenglisch aus, wenn Sie über alle Jahre den Unterricht besucht haben und nicht zu schlechte Noten erhalten haben. Können Sie diese Zeugnisse nicht vorweisen, ist eine Qualifikation gemäß IELTS (International English Language Testing System) erforderlich.

Kosten eines Einwanderungs-Verfahrens

Neben den Gebühren für den SAP-Antrag im Bereich von hunder-ten Euro für „Allgemeine Einwanderer" bis hin zu tausenden Euro für „Investoren" fallen nicht unerhebliche Nebenkosten für den Antragsvorgang an. Dazu gehören

Arzt/Röntgen/Laboruntersuchungen:	ca. EU 300,-
Beglaubigungen:	ca. EU 200,-
Büromaterial etc.:	ca. EU 100,-
Kopien:	ca. EU 50,-
Passfotos:	ca. EU 50,-
Porto:	ca. EU 50,-
Telefonate:	ca. EU 100,-
Übersetzungen:	ca. EU 500,-
Zentralregisterauszug:	ca. EU 50,-

Summe Nebenkosten:	ca. EU 1.400,-

Natürlich handelt es sich um Durchschnittswerte. An einigen Kostenpositionen kann man übrigens recht gut sparen, zum Beispiel an:

Beglaubigungen: In Deutschland besitzt jedes Pfarramt das Recht, Beglaubigungen vorzunehmen. Dies wird, soweit ich weiß, sogar kostenfrei durchgeführt. Und Sie sind nicht an Ihre eigene Konfession gebunden. Bitte nutzen Sie solche selten gewordenen Tips aber nicht egoistisch aus, sondern lassen Sie beide Seiten am Vorteil teilhaben. Wie wäre es zum Beispiel mit einer Spende an das betreffende Pfarramt, in Höhe von der Hälfte der Kosten, die Sie sonst zu begleichen hätten. Der Pfarrer wird sich freuen und Sie haben auch allen Grund dazu. Manche ausländische Sachbearbeiter Ihres SAG-Antrags wissen um diesen Sachverhalt nicht und fordern von Ihnen dann einen Nachweis darüber an, daß der betreffende Pfarrer überhaupt beglaubigen darf. Falls dieser Fall eintritt, bitten Sie die Pfarrei um den betreffenden

Auszug aus dem Kirchengesetz.

Fotokopien: Wohnen Sie in der Nähe einer Universität, wissen Sie bestimmt, wo sich günstige Fotokopien herstellen lassen. Liegt bei Ihnen keine Uni in der Nähe, können Sie auch in kleineren Schreibwarengeschäften aufgrund der erwarteten Kopienanzahl oft einen Rabatt aushandeln.

Übersetzungen: Für Übersetzungen ins Englische müssen Sie nicht unbedingt ein professionelles Übersetzungsbüro beauftragen. Es ist auch möglich, diesen Teil von einem Freund oder Bekannten erledigen zu lassen. Tragen Sie aber Sorge dafür, daß es nach professioneller Arbeit aussieht. Das bedeutet, daß die Schriftstücke einen offiziellen Briefkopf tragen sollten und mit Laserdrucker oder mindestens Schreibmaschine gedruckt sein sollten. Außerdem muß Ort, Datum und Unterschrift der übersetzenden Person vorhanden sein. Daß die Übersetzung keinen Fehler aufweisen darf, versteht sich von selbst.

Arztrechnungen: Auch bei den medizinischen Leistungen ist einiges drin. Wir suchten per Telefon in den Gelben Seiten und fanden eine sehr nette und aufgeschlossene Frau Doktor, die nur noch aus Liebe zum Beruf ihre Praxis offenhielt. Das Ruhestandsalter hatte sie schon erreicht, Patientenverkehr fand keiner mehr statt. Nach meiner Erläuterung, worum es ging, war Sie sofort bereit, sich den Fragebogen mal anzuschauen und nach einer netten Unterhaltung am Kaffeetisch haben wir über sie alle Arztleistungen bezogen, zu sehr guten, flexiblen Konditionen.

Ihr persönlicher Startschuß

Nach den ersten Grundinformationen besorgen Sie sich am besten zuerst sämtliche notwendigen Anträge und Formblätter. Dazu wird oft das Internet ausreichen, manchmal jedoch werden Sie nicht um einen Termin im Konsulat des betreffenden Landes umhinkommen. Nur die vollständigen(!) Unterlagen bestimmen exakt, welche Vorraussetzungen Sie erfüllen müssen, welche

Kosten mit dem Antrag verbunden sind und welche persönlichen Unterlagen sie einreichen müssen. Daraus gewinnen Sie die Übersicht, ob Sie eine reale Chance haben, eine SAG zu erhalten. Und diese sollte vorhanden sein, denn Gebühren und Kosten werden so gut wie nie zurückerstattet, falls Ihr Antrag abgelehnt wird. Haben Sie sich zur Beantragung entschlossen, dann sollten Sie zu diesem Zeitpunkt beginnen, Kopien von jedem Schriftstück anzufertigen, daß Sie versenden. Der Grund liegt nicht so sehr darin, daß etwas verloren gehen könnte. Hauptsächlich hat es sich als notwendig erwiesen, zu jedem Zeitpunkt wortgenau zu wissen, welche Informationen man der jeweiligen Immigration-Behörde gegeben hat. Häufig sind deren Sachbearbeiter aus Verifizierungsgründen angewiesen, Ihre Aussagen auf Schlüssigkeit und Wahrheitsgehalt zu untersuchen. Schon zum Beispiel die plötzliche Angabe eines zweiten Vornamens, den Sie bisher nicht in Ihre Formularen eintrugen, kann Nachfragen erzeugen.

Was Ihnen vielleicht übergenau und sehr bürokratisch vorkommt, wird schnell verständlich, wenn man sich vor Augen hält, worum es überhaupt geht. Ein Land, das Sie nicht kennt, noch nie Ihren Namen gehört hat und nicht weiß, was für ein Mensch Sie sind, soll Ihnen das Daueraufenthaltsrecht gewähren. Und damit übrigens auch viele Privilegien, die nur Staatsbürger erhalten: Überlegen Sie einmal unter welchen Umständen Sie bereit wären, einer wildfremden Person Ihr Haus oder Ihre Wohnung ohne weitere Kontrolle jahrelang zu Verfügung zu stellen? Im Vertrauen darauf, daß nichts beschädigt wird, daß Rechnungen beglichen werden usw.

3. Die Abreisevorbereitungen

Hinter Ihnen liegt eine lange und vielleicht teilweise auch nervige Zeit. Sie haben festgestellt, daß mit der Abgabe Ihrer Bewerbungsunterlagen für eine SAG die eigentliche Arbeit erst beginnt. Doch jetzt, Monate später, haben Sie es tatsächlich geschafft und halten Ihre SAP für Ihr Wunschland freudig in der Hand. Nun beginnen also ernsthaft die Vorbereitungen zur Auswanderung. Das hört sich ein wenig theatralisch und außerdem nach viel Arbeit an. Aber wenn die Natur Sie mit einen nur kleinen Stückchen an Organisationstalent versehen hat, wird die Realität Sie freudig überraschen, denn es ist weniger Aufwand als Sie denken. Und der heutige, weltweite Güterverkehr macht den Transport nach Übersee zu einer Normalität, nichts weiter als Routine. Früher oder später werden Sie denken, was - das war schon alles?

Selbstverständlich können die folgenden Beschreibungen keinen Anspruch auf Vollständigkeit erheben. Dazu sind die Ausgangsvoraussetzungen der verschiedenen Einwanderer einfach zu unterschiedlich. Ihre notwendigen Erledigungen werden sich zum Beispiel schon danach erheblich unterscheiden, ob Sie Mieter oder Eigenheimbesitzer sind, ob Sie angestellt sind oder selbständig arbeiten.

Üblicherweise gibt es eine Frist, innerhalb derer Sie einreisen müssen – oder Ihr mühsam erworbenes SAG verfällt. Schaffen Sie es aus irgendeinem Grund nicht diese Frist einzuhalten, war der ganze Aufwand der Visum-Beantragung umsonst. Stehen triftige Gründe der rechtzeitigen Einreise entgegen, empfehle ich Ihnen nicht, eine Fristverlängerung zu beantragen – das ist aufwendig und der Ausgang ist ungewiß. Entscheiden Sie sich lieber für das folgende Vorgehen: Reisen Sie innerhalb der Frist für einen kurzen Aufenthalt, sagen wir für eine oder zwei

Wochen in Ihr Zielland. In der Regel läuft dann ab Ihrer Rückreise erneut die bisherige Frist oder auch eine andere. Somit sind Sie dem gröbsten Termindruck ohne Bürokratie entronnen. Außerdem können Sie schon einige Vorbereitungen vor Ort treffen, etwa sich bewerben, Immobilien anschauen oder einfach nur Ihre Wunschgegend genauer kennenlernen.

Für den Normalfall, also wenn Sie pünktlich einreisen wollen, planen Sie am besten einen Monat Karenzzeit für unvorhersehbare Ereignisse ein. Es bleiben Ihnen dann ab heute (X-1) Monate, um Ihren Hausstand aufzulösen, Ihr Haus zu verkaufen bzw. den Mietvertrag zu kündigen, Ihre Arbeitsstelle zu kündigen und einiges mehr. Legen Sie sich gleich zu Anfang eine handschriftliche Liste an, auf der Sie alle erledigten Punkte abhaken und neu hinzugekommene notieren.

Vielleicht beginnen Sie mit der Flugticket-Bestellung. Das hat den Vorteil, daß Sie sich Ihren Reisetag aussuchen können, da aller Voraussicht nach noch nicht ausgebucht ist und - das ist bei der weiteren Planung nicht zu unterschätzen - Sie besitzen ein festes Abreisedatum, an dem Sie sich orientieren können. Buchen Sie am besten so, das Sie Anfang bis Mitte der Woche vormittags eintreffen. Dann haben die Geschäfte geöffnet, ein Zimmer ist leicht zu bekommen usw. Achten Sie beim Kauf auf eine kostenfreie Umbuchungsmöglichkeit, falls terminlich doch noch etwas dazwischen kommt und zögern Sie nicht, ein Return-Ticket (Hin- und zurück) einem One-Way-Ticket vorzuziehen. Erstens sind die one-ways oft nur unwesentlich billiger und zweitens kann der Rückflug oft bis zu einem ganzen Jahr im voraus liegen. Bis dahin wollen Sie vielleicht mal zu Besuch nach Europa kommen. Falls nicht, ist eine Umbuchung zu einen Urlaubsziel oft möglich. Eine Reiserücktrittsversicherung für den Krankheitsfall ist auch zu empfehlen. Mit der Ticketbuchung verbinden Sie zweckmäßigerweise auch gleich die Buchung eines Mietwagens für mindestens zwei Wochen.

Danach können Sie all jene Vorgängen planen, die sich terminieren lassen oder aber zeitlich nicht gebunden sind. Dazu gehören:

DKH: Bitten Sie einen Verwandten oder Freund, im weiteren DKH (Die kleine Hilfe) genannt, seine Adresse benutzen zu dürfen und um die Begleichung der letzten Rechnungen. Stellen Sie ihm dafür einen Betrag zu Verfügung oder besser, stellen Sie ihm eine Vollmacht über ein Konto aus, das Sie zunächst bestehen lassen.

Krankenversicherung: Krankenversicherungen gibt es zahlreiche, und günstig. Allerdings variieren die Leistungsangebote sehr, so daß Sie einige Zeit benötigen werden, um das für Sie optimale Angebot herauszufinden. Alle bekannten ausländischen Krankenversicherungen schließen Verträge nur mit Bürgern oder SAG-Inhabern ab, nicht mit Touristen.

Arzt- und Zahnarztbesuch: Gehen Sie vor der Abreise nocheinmal zu Ihren Vertrauensärzten und lassen Sie alle ausstehenden Kleinigkeiten behandeln. Das ist auch eine gute Gelegenheit, um sich mit den wichtigsten Medikamenten in Großpackung zu versorgen. Auch Zahnbehandlungen, Zahnersatz oder ähnliches sollten Sie jetzt durchführen lassen. Sie werden zunächst im Zielland keinen Arzt kennen und alle Behandlungen sowie Medikamente selbst bezahlen müssen. Auch mit einer Reisekrankenversicherung müssen Sie in der Regel die Behandlungskosten erst einmal vorlegen, um sie dann später, vielleicht, erstattet zu bekommen. Dieses Risiko läßt sich minimieren.

Personalausweis & Führerschein: Falls noch nicht geschehen, ist nun die beste Zeit, Ihren Personalausweis zu verlängern und einen internationalen Führerschein zu beantragen. Der Führerschein ist wichtig, da beide, der nationale und der internationale, als gültiges persönliches ID-Dokument angesehen sind.

Zeitungsabonnements: Kündigen Sie Ihre Zeitungsabonnements. Nachsenden ist zwar möglich, dauert aber per Seefracht entweder bis zu sechs Wochen oder kostet per (gewichtiger) Luftfracht soviel Geld, daß es sich nicht lohnt. Außerdem ist in diesen Internet-Zeiten so gut wie jede Zeitung so gut wie überall

16

auf der Welt zu lesen.

Telefon: Kündigen Sie termingenau Ihren Telefonanschluß und geben als letzte Rechnungsanschrift die Adresse Ihrer DKH an. Informieren Sie sie über die ungefähre, erwartete Höhe der Rechnung.

Mitgliedschaft in Vereinen etc.: Kündigen Sie fristgerecht.

Rundfunk und Fernsehen: Am besten abmelden. Sofort.

Wohnung/Haus zur Miete: Kündigen Sie Ihren Mietvertrag fristgerecht. Herrscht auf dem Wohnungsmarkt Ihrer Region ausreichend Nachfrage, versuchen Sie mit Ihrem Vermieter zu vereinbaren, daß Sie für einen Nachmieter sorgen. Für den Fall, daß Sie sich für den Verkauf Ihres Hausstandes entschlossen haben, hat das den Vorteil, daß Sie selbst einen Nachmieter auswählen können, mit dem die Übernahme Ihrer Möbel etc. verhandelt werden kann. Denken Sie auch an die eventuelle Verpflichtung, renovieren zu müssen und achten Sie darauf, Ihre Mietkaution rechtzeitig zurückzuerhalten.

Wohnung/Haus als Eigentum: Hier müssen Sie sich zwischen Vermieten und Verkaufen entscheiden. Beginnen Sie in jedem Fall so früh als möglich, um nicht unter Zeitdruck zu geraten. Verkaufen hat natürlich den Vorteil, daß Ihnen eine größere Summe Barmittel zur Verfügung steht und in der alten Heimat keine Verpflichtungen mehr bestehen. Durch das Vermieten allerdings besitzen Sie zunächst ein regelmäßiges Einkommen und vielleicht sogar eine Unterkunft, falls Sie doch zurückkehren wollen. Selbstverständlich muß der Mietvertrag entsprechend formuliert sein, etwa durch die ständige Reservierung einer Einliegerwohnung.

Kontoverbindung: Zumindest ein Konto sollten Sie zunächst in Deutschland bestehen lassen. Ob es ein Girokonto sein soll, müssen Sie aufgrund der anfallenden Gebühren selbst entscheiden. Es gibt übrigens auch kostenlose Girokontoführung. Damit könnten Sie Ihre Kreditkarte, die sehr nützlich sein kann, behalten. Daueraufträge sind zu kündigen. Falls Sie sich für die Kündigung Ihres Girokontos entscheiden, empfehle ich Ihnen zumindest ein Sparkonto zu behalten. Bevollmächtigen Sie Ihre DKH für das Konto. Dann können Guthaben, etwa aus der Stromrechnung oder Kfz-Steuer, eingezahlt werden und fällige Beträge beglichen werden (z. B. Telefonabschlußrechnung). **Finanzanlagen:** Für längerfristige Anlagen, die Sie nicht zur Einwanderung benötigen, lohnt die vorzeitige Auflösung meist nicht. Generell gilt, daß alle Finanztransaktionen von und ins Ausland auch per Post, Telefax- und teilweise auch per Emailmitteilung möglich sind.

Kfz-Versicherung, Kfz-Steuer: Spätestens mit dem Verkauf Ihres Fahrzeuges kündigen Sie die Kfz-Versicherung per formlosen Brief und beigefügter Durchschrift des Kaufvertrages. Die Begleichung der Endabrechnung oder die Scheckeinreichung über das Restguthaben kann Ihre DKH übernehmen. Sie sollten auch eine Bestätigung Ihrer Versicherung über den erreichten Schadensfreiheits-Rabatt anfordern. Dieser wird im manchen Ländern anerkannt. Die Abrechnung der Kfz-Steuer geschieht automatisch nach Verkaufsmeldung, die Sie an Ihre örtliche Zulassungsstelle senden.

Rentenversicherung: Dieser Punkt sollte nicht einfach übergangen werden. Die deutsche Lösung der Altersversorgung ist wie so oft derart überbürokratisiert, daß Sie sich frühzeitig mit der Bundesversicherungsanstalt für Angestellte oder dem Träger der Arbeiterrentenversicherung in Verbindung setzen sollten, je nachdem welche Anstalt für Sie zuständig ist. Im Regelfall können Sie zwischen der Auszahlung der bereits im Laufe Ihres Berufslebens eingezahlten Beträge (Achtung: Es werden Ihnen nur 50 %, nämlich die Arbeitnehmerbeträge zurückgezahlt – weshalb eigentlich?) oder einer freiwilligen Weiterzahlung von geringeren Beträgen wählen.

Lohn-/Einkommenssteuer-Jahresausgleich: Hier haben Sie zwei Möglichkeiten: Entweder machen Sie ihn sofort, also mitten im Steuerjahr, dann akzeptiert Ihr Finanzamt diesen nur, wenn Sie den Grund, also Ihre Auswanderung angeben. Möchten Sie dies nicht, dann lassen Sie sich von Ihrer DKH zum Anfang des neuen Jahres die Unterlagen schicken, bearbeiten den Antrag im Ausland selbst, senden ihn an DKH zurück mit der Bitte um Weiterleitung an das Finanzamt. Nachzahlungen/Guthaben erfolgen dann wie gehabt.

Was mitnehmen – und was nicht ?

Das ist keine leicht zu beantwortende Frage. Tendenziell möchte ich Ihnen empfehlen, überhaupt nichts mitzunehmen. Warum? Ganz einfach, es hat sich immer wieder gezeigt, daß es einfach nicht lohnt. Es treten Beschädigungen beim Transport auf, oft passen die Größen oder Anschlüsse nicht, so das aufwendige Anpassungsarbeiten notwendig werden und schließlich kosten die Dinge häufig neu weniger im Ankunftsland als sie gebraucht wert sind. Abgesehen davon, daß ein Containertransport nicht gerade billig ist, können Sie auch darauf wetten, das einige Ihrer Umzugsgüter auf der Reise beschädigt werden, und sei nur die Oberfläche von Möbeln verkratzt. Aber Sie sind doch versichert? Ja, das stimmt natürlich, allerdings kostet die Versicherung zusätzliches Geld und falls Sie jemals die Werte zu 100 % ersetzt bekommen sollten: Wo ist dann noch der Unterschied zum Neukaufen ? Außer der Papierarbeit natürlich, die Sie im Versicherungsfall am Hals haben.

Hinzu kommt, das viele Gegenstände angepaßt oder bestimmten aufwendigen Einfuhr-Prozeduren unterzogen werden müssen. Nein, alles, wirklich alles können Sie neu oder auch gebraucht im Zielland kaufen. Was spricht also dagegen, den Hausstand komplett zu veräußern? Falls Sie sich zu diesem Schritt entschließen, empfehle ich Ihnen den Verkauf an die Weitervermietung oder den Weiterverkauf Ihres Hauses/Wohnung zu koppeln und außerdem auf Gesamtabnahme zu bestehen.

Haustiere, Pflanzen und Lebensmittel, also organische Gewebe, werden üblicherweise nur in sehr begrenztem Umfang zur Einfuhr zugelassen. Bereiten Sie sich besser seelisch darauf vor, sich von Ihrem vierbeinigen oder zweiflügeligen Liebling trennen zu müssen.

Wir selbst haben außer unserer Kleidung, Büchern, privaten Erinnerungsstücken sowie Haushaltskleingegenständen nichts mitgenommen. Das gesamte Mobiliar und Haushaltseinrichtung wurde in einem Packet verkauft. Das sparte sehr viel Arbeit (Abbau, Einpacken, Auspacken, Aufbau), außerdem einen Großteil an Transportorganisation, Geld und Streß. Wir haben es nie bereut.

Treffen Sie also nach ruhigen Überlegungen und Kalkulationen Ihre Entscheidung. Grundsätzlich ist zu bedenken, daß aller Hausrat, Möbel etc. volumenstark und damit im Transportwesen kosten-intensiv ist.

Die Fracht nach Übersee

Für die meisten Menschen wird es das erste Mal sein, solch eine Fracht zu organisieren. Aber es gibt wirklich keinen Grund, irgendwelche Vorbehalte oder Bedenken zu haben. In der heutigen Zeit des weltweiten Güterverkehrs handelt es sich bloß um einen alltäglichen Vorgang, der jeden Tag viele Tausend Mal auf der ganzen Welt durchgeführt wird. Die Mitarbeiter der Frachtagenturen sind nur ein Telefon weit weg und immer gut informiert und hilfsbereit. Es besteht grundsätzlich die Wahl zwischen

A) Komplettumzug: Das bedeutet, daß Ihnen alle Arbeit abgenommen wird. Sie bekommen einen wunderbar bequemen Tür-zu-Tür Service, der aber natürlich auch bezahlt sein will. Die einzige Aufgabe für Sie besteht darin, das beste und bequemste Angebot auf dem Markt herauszufinden. Anschließend legen Sie mit dem Unternehmen die Termine fest - fertig. Weiter brauchen Sie sich um nichts zu kümmern.

B) Containerumzug: Dieser kommt in Betracht, falls Sie viele Möbel und Gegenstände mitnehmen möchten und selbst Hand anlegen wollen. Sie können sich einen Übersee-Container in den Vorgarten oder Hof stellen lassen und selbst einpacken, oder aber ein Umzugsunternehmen damit beauftragen. Container gibt es in zwei Größen:

a) 20 Fuß-Container, L x B x H 6m x 2,3m x 2,38m, Inhalt 33 m^3

b) 40 Fuß-Container, L x B x H 12m x 2,3m x 2,38m, Inhalt 67 m^3

Die Kosten für den Transport eines 20-Fuß Containers vom deutschen Lager zu Ihnen nach Hause, den anschließenden Transport zum Überseehafen, das Verladen auf das Schiff und die Fracht bis zum Zielhafen betragen je nach Angebot und Zielland etwa 2.000 bis 5.000,- Euro. Dazu kommt noch die Frachtversicherung mit ca. 1,5 % des Warenwertes, die ausländische Zollabwicklung und der Landtransport zu Ihrem neuen Zuhause. Die Seefrachtdauer nach Australien etwa beträgt rund 6 - 8 Wochen.

C) Kistenumzug: Diese »Light« - Lösung wählen Sie, falls Sie nur wenige Dinge mitnehmen möchten und Zeit, Arbeit und Geld sparen wollen. Haben Sie sich für diese kleinere Umzugsvariante entschieden, dann beschaffen Sie sich einfach massive Holz- oder Metallkisten, zum Beispiel gebrauchte aus dem Kleinanzeigenteil der Zeitungen. Restbestände der Bundeswehr sind auch sehr stabil und mit Verschlußvorrichtung versehen. Wir haben die Kisten mit Kunststoffolie (wie sie als Bodenschutz beim Wandstreichen verwendet wird) ausgelegt und diese später mit Packband verschlossen, um den Inhalt vor Seefeuchtigkeit zu schützen. In jede Kiste gehört eine Packliste mit dem Inhaltsverzeichnis. Die Kisten sollten mit Schloß gesichert sein. Einen Satz Schlüssel behalten Sie, die Zweitschlüssel geben Sie Ihrem Partner. So ist das Risiko, alle zu verlieren geringer. Mit großen Lettern (mindestens 10 cm hoch) notieren Sie auf den Kisten zum Beispiel

(Name) MÜLLER

(Zielland) NEW ZEALAND

(Zielhafen) AUCKLAND

(Nummer) 2/5 (d.h. die zweite von insgesamt fünf Kisten)

Die Kosten betragen ca. US$ 100 je cbm oder Tonne, je nachdem welches Maß eher erreicht ist. Die reinen Seefrachtgebühren sind dabei der geringste Anteil an den Frachtkosten. Es addieren sich dann noch Kaiumschlag, Dokumentation, Anlandegebühren und Frachtversicherung. Für fünf übliche Kisten sind das summa summarum rund Euro 700,-

Nachdem Sie sich über Ihr Umzugsvolumen klar geworden sind und entschieden haben, welche Umzugsart für Sie in Frage kommt, holen Sie am besten mehrere Angebote von Speditionen und Überseefrachtagenturen ein. Besonders in den norddeutschen Küstenstädten sind diese zahlreich vertreten, aber auch in Ihrem Heimatort werden Sie fündig werden (Gelbe Seiten).

Packlisten und Zoll: Schreiben Sie für jedes Behältnis, das versendet wird, eine separate Packliste in mindestens dreifacher Ausfertigung, die auch Ihren Namen, Anschrift und zum Beispiel die Reisepaßnummer (falls Fracht-Papiere verloren gehen, können Sie sich damit als rechtmäßiger Eigentümer ausweisen) enthält. Einen Durchschlag legen Sie in die jeweilige Kiste, einen weiteren benötigt der Spediteur/die Frachtagentur und einer verbleibt für Ihre Unterlagen bei Ihnen. Das ist notwendig für eventuelle Versicherungsansprüche sowie für den Zoll bei der Aus- und Einfuhr. Die Ausfuhr und Einfuhr von privatem Umzugsgut ist in nahezu jedem Land der Erde steuerfrei (auch dann, falls dazu z. B. drei Computer gehören sollten).

Werden die Kisten beim Spediteur abgegeben, erhalten Sie neben der Rechnung, die sofort fällig ist, die »Bill of Loading«. Das ist das internationale Frachtpapier und enthält das Frachtvolumen, den Zielhafen, die Ankunftszeit usw.

Nach der Ankunft und dem Entladen im Zielland wird Ihr Umzugsgut in einem Zollager zwischengelagert. Dies ist für einige Tage, maximal für eine Woche kostenfrei, danach werden

Lagergebühren berechnet. Der in den Frachtpapieren genannte Ankunftstermin ist nicht fix, sondern er hängt von Wind und Wetter auf See ab. Um eine exakte Ankunftstermin-Bestätigung zu erhalten, rufen Sie den Frachtagent Ihres Spediteurs im Zielland an. Er sagt Ihnen, wann »Ihr« Schiff eintrifft. Zum Abholen gehen Sie zum Agent, der Ihnen ein Formblatt über die Ankunft überreicht.

Mit diesem sowie der Original »Bill of Loading« und Ihren Packlisten müssen Sie dann zum Zoll, wo Ihnen nach Kontrolle der Liste Ihrer »personal effects« (so heißen private Umzugsgüter) eine »Quarantine Declaration« gegen geringe Gebühr ausgestellt wird. Nur mit dieser declaration in Verbindung mit den anderen Dokumenten dürfen Sie Ihre Kisten aus dem Zoll-Zwischenlager abholen.

The real life: Nachdem der Zollbeamte in Auckland meine Packlisten, in deutsch geschrieben, mehr oder weniger wissend überflogen hatte, schaute er plötzlich sehr mißtrauisch und musterte mich von oben bis unten. Nach einigen Fragen zu den aufgeführten Gegenständen bzw. deren Übersetzung erkundigte er sich so ganz beiläufig, ob ich schießen könne. Ich reagierte, glaube ich, sehr verdutzt und bejahte. Er fragte mich nach dem wo und weshalb und ich antwortete wahrheitsgemäß, daß ich bei der Bundeswehr eine längere Schieß-ausbildung erhielt. Dann wollte er wissen, ob ich im Privatbesitz von Schußwaffen bin und welche das seien. Ich verneinte und fragte, was das alles mit meinen Kisten zu tun habe. Darauf versteinerte sich sein Gesicht und sein Zeigefinger schnellte blitzartig auf die Liste der Kiste No. 3, wo irgendwo aufgeführt war

1 Stck. Zündlichtpistole

(ein Prüfgerät für Motoren) Um was es sich dabei handele, verlangte er zu wissen. Eine beruhigende Erläuterung gelang mir wohl nicht so recht. Deshalb wollte er die Form beschrieben haben. Leider mußte ich eine Pistolenform beschreiben. Sie können sich nicht vorstellen, was das - ich bedaure heute noch, das Gerät eingepackt zu haben - an Fragen nach sich zog.

Die Geschichte endete damit, daß ich dem Zollamtsleiter (!) eine halbstündige Vorlesung über Zündanlagen an Kraftfahrzeugmotoren in englischer Sprache geben mußte. Nach meinem abschließenden Angebot, er möge doch einfach zum Zollager (20 km entfernt) mitkommen, wo er das Gerät höchstpersönlich anschauen könne, bekam ich endlich den ersehnten Stempel.

Planungen für die letzten Wochen in Deutschland

Beginnen Sie rechtzeitig mit den Planungen für die letzten Wochen in Deutschland und ebenso für die ersten Tage im Zielland. Dazu gehört zum Beispiel die Fahrzeugfrage. Ihren Wagen werden Sie wahrscheinlich nicht taggenau verkaufen können. Spätestens mit Beginn der Schaltung von Verkaufs-Inseraten sollte eine Ersatzfahrzeugregelung durch Freunde oder Vermietfirmen getroffen sein.

Falls nötig, bereiten Sie die schriftlichen Kündigungen der Versorgungsbetriebe (Strom, Wasser, Gas) vor und tragen als Rechnungs- oder Gutschriftempfänger Ihre DKH ein. Dabei lassen Sie das Datum und den Zählerstand blanko. Erst am letzten Tag tragen Sie diese Werte handschriftlich ein und werfen die Briefe in den Briefkasten (behalten Sie Kopien!).

Bereiten Sie auch einen Postnachsendeauftrag vor. Nur in Deutschland geht das nur innerhalb Deutschland. Also brauchen Sie wieder die Hilfe Ihrer DKH. Eventuell kann er/sie auch nach Ablauf der ersten sechs Monate einen zweiten Nachsendeauftrag stellen.

Und schließlich, banal aber nicht unwichtig, denken Sie auch daran festzulegen, wann das letzte Mal Wäsche gewaschen wird. Daraus folgt, welche Kleidung Sie die letzten Tage in Deutschland und am Abreisetag tragen, welche in die Koffer gepackt werden kann und welche Kleidungsstücke nach dem Ablegen zum Abfall wandern.

Die letzten Tage vor der Abreise

Irgendwann, so ungefähr 1-2 Wochen vor dem Abflugtermin

werden Sie plötzlich entdecken, daß es nichts mehr zum Erledigen gibt. Sie haben alle notwendigen Arbeiten geschafft. Der ganze Organisationsstreß, falls er überhaupt aufkam, ist vorüber. Ihr Hausstand ist größtenteils verschifft, verkauft, verschenkt. Viele vertraute Dinge des täglichen Lebens sind nicht mehr da, sie sind aus den Augen. Aber aus dem Sinn ? Ein fremdes, geliehenes Auto steht vor der Tür und nur noch wenige Kleidung ist im Haus. Die Räume, mit denen Sie soviele Erlebnisse und Erinnerungen verbinden, stehen leer und hallen beim Betreten. Wo ist das schöne Wandbild abgeblieben? Und die herrliche, 1,60 m hohe Palme, die wir als 30cm großen Zögling vor -zig Jahren kauften? Ach richtig,...
Ihre Reisekoffer liegen geöffnet und halb gepackt in kahlen Zimmern auf dem Fußboden. Der letzte Einkauf im geliebten Supermarkt steht bevor. Vielleicht möchten Sie Lebensmittel nicht einfach wegwerfen und brauchen deshalb lieber noch die letzten Vorräte auf, so daß es bei manchen Lebensmitteln und Getränken plötzlich zu ungewohnten Engpässen kommt. Bald werden Sie die Tür hinter den vertrauten Mauern das allerletzte Mal schließen. Ein bißchen Fremdheit, Beklemmung und – Langeweile macht sich breit.
Jeden Tag rufen Freunde und Bekannte an oder kommen ein letztes und ein allerletztes Mal vorbei. Man redet über alles Mögliche, ist je nach Veranlagung besorgt oder voll Freude und die Versprechen über das baldige Wiedersehen im neuen Land nehmen kein Ende. Bei genauem Hinhören und Beobachten stellen Sie fest, daß gerade die allergrößten Zweifler und Bedenkenträger Sie insgeheim mehr als beneiden. So gern hätten genau diese Charaktere die Freiheit und Selbstbestimmung in ihrem eigenen Leben, die Sie sich einfach genommen haben und merken dabei nicht, wie sie sich selbst gefangen halten.
In den allerletzten Tagen rennen Sie täglich 7mal von oben bis unten durch das Haus und öffnen jede Tür, um ja nichts zu vergessen oder zu übersehen. Eintausend Gedanken gehen Ihnen durch den Kopf. Zweifel tauchen auf: War es die richtige

Entscheidung, was erwartet uns wohl, könnten wir noch zurück? Ja, es war die richtige Entscheidung. Denken Sie an Ihre Beweggründe, die Sie bis hierher gebracht haben. Es hat sich nichts verändert. Und vor Ihnen liegt ein Flug in ein wunderschönes Land. Sie können zu jeder Zeit zurück – aber Sie müssen nicht! Sie genießen exklusive Privilegien. Nämlich die volle persönliche Entscheidungsfreiheit über eine beliebige Aufenthaltsverlängerung sowie den Erhalt nahezu aller Bürgerrechte eines anderen Landes. Sie können wirklich auswählen. Wer kann das schon von sich behaupten? Wenn Sie jetzt die Gelegenheit nicht am Schopf packen, dann klappt es vielleicht nie wieder: Ihr Wunschland legal als Wohnsitz wählen zu dürfen.

4. Die Ankunft

Die Flugzeugreifen quietschen kurz beim Aufsetzen auf die Rollbahn, der Kapitän wünscht Ihnen per Bordsprechanlage ein »Willkommen zu Hause«, der Jumbo rollt aus und – Sie sind angekommen. Nachdem Sie Ihr Gepäck in Empfang genommen haben, wird der Zollbeamte Ihre Papiere kontrollieren. Je nach Status erhalten Sie jetzt entweder das Touristenvisum oder das Permanent-Residence-Visum in Ihren Reisepaß gestempelt. Mit Ihrem nächsten Schritt sind Sie offiziell und im wahrsten Sinne des Wortes im Neuland angekommen.

Wichtige erste Erledigungen
Um halbwegs agieren und reagieren zu können, sind einige Erledigungen wichtiger als andere. Wichtig zum Beispiel ist, daß Sie telefonieren können und erreichbar sind (zum Beispiel für Kleinanzeigen), daß Sie liquid und mobil sind, und daß Sie wohnen können. Daraus folgt, so noch nicht geschehen, daß Sie sich zunächst um ein Handy, ein Bankkonto, ein Auto und eine Wohnung oder ein Haus kümmern sollten.
Telefon: Handys gibt es heutzutage überall auf der Welt, dazu gibt es nicht viel zu sagen. Wo erforderlich, können Sie als Anschrift beim Kauf Ihre erste Hoteladresse angeben. Für Ihre internationalen Verbindungen wählen Sie meist

0049 für Deutschland

0041 für die Schweiz

0043 für Österreich

und lassen die erste »0« der Ortsvorwahl weg. Aus den USA und einigen ihrer „Satelliten" wählen Sie 01149 für Deutschland, und nach gleichem Muster für alle anderen.
Bankkonto:. Unterschieden werden hauptsächlich zwei Konto-

arten: Das *savings account* ist ein Sparkonto mit erweiterten Funk-tionen, so daß es nahezu als Girokonto genutzt werden kann. Es werden Guthabenzinsen gezahlt und Sie erhalten eine Zugriffskarte, die Ihnen Ein- und Auszahlungen an den ATMs (Automatic Teller Machine, Geldautomat) gestattet. Darüber hinaus ist oft sogar die Einrichtung eines Dauerauftrages etwa zur Mietzahlung möglich.

Die Kontoeröffnung dauert nur ca. 30 Minuten incl. der Ausstellung der Kontokarte. Viele Institute bieten dieses Konto kostenlos an.

Das *cheque account* ist ein Konto, für das Sie wie der Name schon sagt zusätzlich zu den savings account Möglichkeiten ein Scheckbuch erhalten (allerdings nicht immer Guthabenverzinsung). Man benötigt es im alltäglichen Leben für die Zahlungen der Strom-, Telefon-, Autoreparatur- usw. Rechnungen. Gar nicht selten ist die Überweisung wie wir sie kennen, nicht sehr üblich, weshalb die gesamte Wirtschaft auf Scheckzahlungen eingestellt ist. Die Konditionen für diese Konten sind sehr unterschiedlich.

Englischsprachige Zahlungsverkehr-Termini

ATM-Card: An den sogenannten ATM's (automatic teller machine) - mit unseren Geldautomaten zu vergleichen - können mit einer zu vielen Konten gehörenden Plastikkarte plus Geheimzahl (PIN) Auszahlungen und Einzahlungen getätigt werden, Schecks eingereicht werden, der Kontostand kann ausgedruckt werden und Mitteilungen an die Bank können übermittelt werden. Darüber hinaus sind Supermärkte, Tankstellen, Kinos und viele weitere Geschäfte mit Lesevorrichtungen ausgestattet, so daß Sie wirklich ohne Bargeld durch den Tag kommen. Manchmal werden Gebühren für diese Zahlvorgänge berechnet. Wohlgemerkt, diese Konto-Karten sind kein internationales Zahlungsmittel, sie funktionieren nur innerhalb der USA. Internationale Kreditkarten werden überall akzeptiert und nach *Credit-* und *Debit-Card* unterschieden.
Banque cheque: Da normale Verrechnungsschecks für die Bezahlung von höherwertigen Gütern wie zum Beispiel eines Gebrauchtwagens nicht akzeptiert werden, kennt man unter anderem den sogenannten Bank cheque. Dieser ist durch die ausstellende Bank garantiert und nicht personenbezogen. Also so gut und risikobehaftet wie Bargeld. Jede Bank stellt Ihnen einen über jeden beliebigen Betrag aus. Als unbekannter Kunde müssen Sie sofort den Gegenwert zuzüglich einer geringen Ausstellungsgebühr bezahlen. Bekannte und solvente Kunden

erhalten auf Wunsch ein entsprechendes Scheckbuch.

Branch: Heißt einfach Zweigstelle. Die Branch Location informiert als Broschüre oder auf dem Internetbildschirm über die genaue Lage der Zweigstellen.

Broker account: Aus dem Boden geschossen sind Internetaccounts, mit denen es möglich ist, in Echtzeit direkt an den Börsen Aktien zu kaufen und zu verkaufen. Angebote gibts sowohl bei den typischen Banken als auch bei den Brokerhäusern. Manche Anbieter offerieren ein Allroundkonto mit Kontoführung, CreditCard, Guthabenzinsen etc. Mit jedem Internet-Brokeraccount können Sie Ihr Depot von überall auf der Erde verwalten, Limits setzen, Stop Orders anlegen, verkaufen etc.

CD (Certificates of Deposit): Diese Kontoart ist das Adäquat zum bekannten Festgeld-konto. Es werden eine Unzahl an verschiedenen Laufzeiten, verschiedenen Beträgen und verschiedenen Zinssätzen angeboten. Ihre Einlage ist bis $100.000 voll abgesichert („FDIC insured")

Deposit: Einzahlung. **Direct Deposit:** Dauerauftrag.

Moneymarket Account: ist ein Anlagekonto ähnlich zum oben genannten CD. Im Unterschied zu diesem können Sie innerhalb der Laufzeit in Grenzen über Ihr Guthaben verfügen und erhalten eventuell einen etwas höheren Zinssatz. Aber - die Einlage ist oft nicht versichert. Das heißt nun nicht, daß das Risiko des Verlustes hoch ist. Aber man sollte es wissen.

Moneyorder: Diese bargeldlose Zahlung ist dem Banque cheque ähnlich, außer daß Sie eine Moneyorder fast überall erwerben können. Zusätzlich zu Ihrer Bank verkaufen Ihnen auch Fremdbanken, Poststellen, Supermärkte etc. diese bequemen und sicheren Zahlungsmittel. Sie geben einfach den Betrag an und müssen diesen zuzüglich ca. $1 Gebühr sofort bezahlen. Der Vorteil liegt darin, daß die Schecks nur vom eingetragenen Empfänger gecasht werden können und daß Sie über den vollen Betrag versichert sind. Einige Aussteller limitieren den Gegenwert im Bereich von einigen Hunderten bis wenige Tausende Dollar. Sie erhalten eine Art Scheck mit dem aufgedruckten Wert, füllen selbst Empfänger und Absender aus und schicken dieses Stück Papier an dem Rechnungssteller. Eine Kopie verbleibt bei Ihnen. Quasi jeder akzeptiert money orders.

Mutual Fund: Anlagefonds. Falls Sie etwas Geld anlegen möchten und sich die Auswahl der Wertpapiere nicht selbst zutrauen, sind Mutual Funds eventuell etwas für Sie. Mutual Funds kann man ebenfalls über Broker accounts kaufen.

Wireless Money Transfer: Auslandsüberweisung. Geht sehr schnell, ganz anders als gewohnt. Ist aber auch sehr teuer. Unter $30 kommen Sie wahrscheinlich nicht weg. Übrigens berechnen fast alle Banken auch Gebühren bei einkommenden Überweisungen, ab $20.

Withdrawal: Auszahlung, Abhebung

MOBIL WERDEN

In vielen Ländern der Erde kommen Sie um mindestens ein Kraftfahrzeug nicht herum. Dazu sind die Distanzen zu groß, die Ziele zu weitläufig und der öffentliche Verkehr zu wenig ausgebaut. Meistens wird ein PKW in Betracht kommen, aber selbstverständlich werden auch zahlreiche Kleinbusse und Motorräder auf dem Gebrauchtmarkt angeboten.

Zustand und Preise: Hier ist oft Umgewöhnung angesagt. Häufig werden Autos in anderen Ländern nicht so gehätschelt wie (noch) in Deutschland, und demzufolge ist der Pflegezustand nicht unbedingt mit dem deutschen Standard, so wie sie ihn gewohnt sind zu vergleichen. Richten Sie sich darauf ein, daß Ihnen auch Fahrzeuge, die bei uns eindeutig auf dem Schrottplatz Ihr letztes Zuhause fänden, zum Kauf angeboten werden.

Übrigens ist ein Kraftfahrzeug ebenso wie ein Motorboot/Yacht oder Flugzeug, das Sie als Einwanderer von zuhause mitbringen, vom Einfuhrzoll befreit. Bedingung ist, daß es sich mindestens ein Jahr vor Einfuhr in Ihrem Besitz befunden haben muß. Ich rate Ihnen trotzdem vom Import ab, weil zu viele bürokratische Hemmnisse für den Betrieb im Wege stehen.

Kraftfahrzeug-Papiere: Die Kraftfahrzeugpapiere unterscheiden sich häufig stark von den gewohnten europäischen. Zu jedem Fahrzeug gehört ein »certificate of registration«, oder ein „title", etwas vergleichbar mit dem ehemaligen deutschen Kraftfahrzeugbrief und somit die Besitzurkunde. Nur etwas vergleichbar, weil dieses »certificate« neben der Fahrgestellnummer, dem Jahr und dem Hubraum oft so gut wie keine technischen Daten enthält. Leistung, also die PS bzw. KW-Angabe ist vielen fremd. Je nachdem in welchen Land Sie gehen, gibt es daneben entweder weitere Papiere, oder eben nicht.

Kraftfahrzeug-Steuer: Die „schöne" Einrichtung Kraftfahrzeug-steuer gibt es nicht überall auf der Welt. Wo doch, ist sie meist billiger und unkomplizierter. Nichteinmal die Erhebung und Zahlung ergibt sich immer bei der Zulassung. Manchmal sind nur kleine Aufkleber an die Windschutzscheibe zu kleben, die. . .bei der Post gekauft werden. Lassen Sie sich von Ihrem Zielland über-raschen.

Kraftfahrzeug-Versicherung: Eine allgemeine Versicherungspflicht besteht ebenso nicht überall auf der Welt. Im Unterschied zur Kfz-Steuer allerdings ist es wirklich jedem geraten, eine solche für sein Fahrzeug abzuschließen. Falls Sie das tun, und falls Ihre deutschen Rabatte anerkannt werden, gibt es wenig dazu zu sagen. Falls dem aber nicht so ist, etwa in Florida, dann werden Sie als Fahranfänger eingestuft, auch wenn Sie in Europa schon jahrzehnte-lang unfallfrei fahren. Und dementsprechend hoch sind die Versicherungsbeträge. Falls Sie eine Bescheinigung Ihrer deutschen, österreichischen oder schweizerischen Versicherung besitzen, aus der Ihr Rabatt für soundsoviele Jahre unfallfreies Fahren hervorgeht, so dürfen Sie diese nicht aus der Hand geben. Sie wird von der Heimatversicherung (zumindest in Deutschland) wieder zurück-gefordert (!), sollten Sie jemals wieder ein Fahrzeug in Deutschland zulassen.

TÜV: Gleiches gilt für den TÜV. Auch dieser regelmäßig wiederkehrende Prüfvorgang ist nicht in allen Ländern der Erde Usus. Es gibt Länder ohne (Florida), und es gibt welche, in denen sogar alle 6 Monate geprüft wird (Neuseeland). Wo geprüft wird, ist die Akribie allerdings nicht so hoch wie in Deutschland.

Fahrzeug-Einkauf: Vielleicht werden Sie anstelle eines Neuen zunächst ein Gebrauchtfahrzeug erwerben wollen, was auch ratsam scheint. Für den Gebrauchwagenkauf bestehen fast überall die selben Möglichkeiten wie in Europa: 1. Kauf aus dem Kleinanzeigenteil der örtlichen Zeitungen, 2. Internetanzeigen, 3. Kauf auf einem Automarkt, 4. Kauf beim Kfz-Händler sowie oft noch einige exotische.

IMMOBIL WERDEN

So, mit einem Kraftfahrzeug ist es ein ganzes Stück einfacher und bequemer geworden, die neue Umgebung kennenzulernen. Vielleicht haben Sie sich noch gar nicht genau festgelegt, wo Sie sich niederlassen. Denn das wird von vielen Faktoren abhängen: Der Arbeitsstätte oder dem geplanten Firmensitz der eigenen Firma, dem gewünschten Wohnumfeld wie städtisch, ländlich, an der Küste, Klimabevorzugungen und vieles mehr. Fahren Sie ruhig erst einmal ein wenig durch die Gegend, bevor Sie eine Entscheidung treffen. Meist lohnt es sich.

Doch ganz gleich, wie Sie sich entscheiden, in vielen anderen Teilen der Welt gibt es Einfamilienhäuser im weiteren Sinn, und sonst gar nichts. Mietskasernen oder Wohn-Hochhäuser sind bis auf wenige Ausnahmen häufig nur in Metropolen zu finden. Meist stehen die Einfamilienhäuser auf einem 500-1000 qm großen Grundstück, das vorwiegend aus Rasen besteht. Auf dem Land sieht das noch ein wenig anders aus. Dort beginnen die Grundstücke in der Regel bei 2000 qm. 10.000 qm oder noch mehr Land um das Haus herum ist nicht sehr ungewöhnlich, allerdings wegen der möglicherweise damit verbundenen Arbeit auch nicht nur von Vorteil. Und wenn Sie sich für eine Farm interessieren sollten, so bekommen Sie vielleicht mehr Land, als Ihnen lieb ist. Angebote bestehend aus einen großen Haus am eigenen kleinen See mit 80 qkm (!) Wald auf hügeligen Gelände sind durchaus möglich.

Für die Bürger vieler anderer Länder ist das eigene Heim ein Muß. Wer zu Miete wohnt, wird leicht schief angeschaut und gilt als Versager. Dies gilt natürlich nicht für Langzeittouristen oder frische Einwanderer, die einige Zeit benötigen, um sich zu orientieren. Begünstigt wird der Drang zum Immobilieneigentum auch oft durch relativ hohe Mieten bei gleichzeitig relativ niedrigen Hauspreisen.

Bauweise und Ausstattung: Natürlich stellt sich bei niedrigen Kaufpreisen gleich die Frage nach der Qualität und Ausstattung.

An vielen Stellen der Erde wurden und werden so gut wie alle Wohnhäuser komplett aus Holz gebaut. Sogar diejenigen, die von außen nach Ziegelbau aussehen, sind oft nichts weiter als verkleidete Holzhäuser. Das soll jedoch nicht bedeuten, die Häuser seien in irgendeiner Weise minderwertig. Das Gegenteil ist der Fall was den Rohbau anbelangt. Die Menschen dort haben handwerkliche Fertigkeiten in der Holzbauweise entwickelt, die Stabilität, Atmungsaktivität und kostengünstige, zügige Bauweise sehr gut vereinigt. Man baut meist ohne Unterkellerung, oft nur ebenerdig, höchstens ein zusätzliches Stockwerk und fast immer mit Garage. Viele der in den letzten Jahren errichteten Häuser wurden in einem sehr modernen, eleganten und ansprechenden Bungalow-Stil gebaut. Die Ausstattung hingegen ist oft, vor allem bei den preiswerten älteren Hausangeboten, sagen wir Standard. Fenster, Türen, Tapeten und eventuell vorhandene Möbel sind billige Produkte.

In den rural areas oder der country side, also den ländlichen Gebieten kommt es vor, das die Wasserversorgung über ein großes Regenwasser-Auffangsystem sichergestellt wird. Rund um den Äquator sind keine Heizungen eingebaut. Wo doch, dominieren einfache elektrische Heizsysteme (bei wesentlich günstigeren Strompreisen als in Europa) oder Gasheizungs-systeme.

Sowohl Miet- als auch Kaufobjekte enthalten oft eine komplette Küche mit Herd, Backofen, Kühlschrank und oft sogar eine Waschmaschine. Es hängt etwas von Ihrem Glück ab, ob die Geräte uralt sind oder vielleicht erst vor kurzer Zeit neu eingebaut wurden.

Ein Haus/Wohnung mieten

Für den ersten Wohn-Schritt im neuen Land ist es zu empfehlen, zunächst ein passendes Haus zu mieten. Dies aus mehreren Gründen: Wahrscheinlich können Sie noch gar nicht abschließend beurteilen, ob Ihre erste Wohnortwahl auch wirklich das Nonplusultra für Sie ist. Leben Sie erst einmal einige Monate dort und gewinnen Sie einen Überblick über den Alltag. Oft stellen sich erst nach einiger Zeit die wirklich wichtigen Vorteile oder eben auch Nachteile heraus. Möchten Sie dann umziehen, geht das problemlos und Ihr Kapital ist nicht gebunden. Ein Haus ist schnell gekauft, aber das Verkaufen ohne Verlust kann lange dauern. Außerdem besitzen Sie auf diese Weise genügend Zeit und Gelegenheit, sich mit dem örtlichen Immobilienmarkt vertraut zu machen für den Fall, daß Sie am Ort bleiben möchten. Zum anderen werden Sie nicht eingehend mit den Eigenarten des Immobilienkaufes, der Bauweise der Häuser und der Marktlage vertraut sein. Überhaupt Marktlage. Fangen Sie frühzeitig an, den Immobilienmarkt zu beobachten. Nahezu überall in der Welt wird mit Einfamilienhäusern regelrecht spekuliert. Ein Verkauf mit Umzug, weil man einen Käufer gefunden hat, der einem mehr bezahlt als man selbst zahlte, ist nichts ungewöhnliches.

Vermiet-Angebote finden Sie genau wie die Gebrauchtwagen am einfachsten im Internet und in Zeitungen. Auch Makler beschäftigen sich zunehmend mit Vermietangeboten, dort ist allerdings nahezu immer eine Provision bei Vertragsabschluß fällig.

Wie solche Anzeigen in englischer Sprache aussehen und mit welchen Abkürzungen gearbeitet wird, erfahren Sie jetzt. Es handelt sich um eine authentische Anzeige aus Neuseeland:

Anzeigenbeispiel:

ONE TREE HILL, house, 3-brms, fully furn or unfurn by arr., dble carport, full section, $400 pw, family or cple plse. ph Jeff Gays 631-5550, 025-765-028, NZ Realties, MREINZ

Decodierung:

One Tree Hill: Der Anzeigentext beginnt so gut wie immer mit dem Ort oder Stadtteil, in dem sich das Objekt befindet. Hier handelt es sich um einen Stadtteil von Auckland.

house deutet auf ein freistehendes Einfamilienhaus hin. T/house oder townhouse bezeichnet ein Reihenhaus. Flat oder unit steht für eine Wohnung, manchmal auch für ein Reihenhaus.

3-brms bedeutet drei bedrooms. In Neuseeland, wie auch in den USA und in England, werden nur die sogenannten Schlafzimmer gezählt. Ein Haus mit drei brms hat also vier Zimmer, nämlich noch ein Wohnzimmer. Dazu sind wie üblich Bad und Küche vorhanden, aber kein Flur bzw. Diele. Nach dem Öffnen der Haustüre stehen Sie so gut wie immer direkt im Wohnzimmer.

fully furnitured or unfurnitured by arrangement sagt Ihnen, daß es sich um ein voll möbliertes Haus handelt, der Vermieter aber die Möblierung und damit auch den Mietpreis zur Disposition stellt. Möblierte Miet-Objekte findet man häufig.

dble carport bezeichnet einen zweifachen PKW-Unterstellplatz. Ist eine richtige, geschlossene Garage vorhanden, dann heißt sie auch garage.

full section beschreibt die Grundstücksgröße. Hier handelt es sich um ein »ganzes« Grundstück mit ca. 950 m2. Es gibt auch half oder quarter sections, diese kommen aber meist nur in den Innenstädten vor. So schön ein großes Grundstück auch ist, in der Regel ist der Mieter verpflichtet, für die Pflege zu sorgen. Darüber freuen sich die Garten-Liebhaber, aber nicht jeder ist einer. In den USA ist die übliche Größeneinheit der acre, das sind 4042 Quadratmeter.

$400 pw gibt Auskunft über die Höhe der Netto-Miete ohne Nebenkosten. Hier beträgt sie 400 NZ-Dollar pro Woche inclusive der Möblierung. Die Woche oder jede zweite Woche ist der übliche Abrechnungszeitraum für Mietzahlungen in Neuseeland, Australien und in Teilen der USA.

family or cple plse (=or couple please) Der Vermieter wünscht sich als Mieter eine Familie oder ein Paar.

Ph Jeff Gays Ein erstes Zeichen, das es sich um ein Maklerangebot handelt. Jeff Gays anrufen unter...

NZ Realties Maklerfirmenname

MREINZ Damit zeigt der Makler an, das er Mitglied in der neusee-ländischen Maklervereinigung MREINZ ist. Das soll Seriosität garantieren, aber soweit ich es überblicken kann, gibt es keinen Makler, der dieses Mitgliedszeichen nicht trägt.

Selbstverständlich können Sie auch direkt zu einigen der zahlreichen Immobilienmakler ins Büro gehen. Diese erkennen Sie schon von weitem an Schaufenstern, die voll mit Fotos von Verkaufsangeboten hängen.

So oder so, nach der telefonischen Avisierung und Klärung eventueller Fragen vereinbaren Sie einen Termin und besichtigen das Mietobjekt. Wie fast immer ist auch bezüglich der Miethöhe das Handeln möglich. Zusätzlich wird auch an vielen Orten der Welt eine Mietkaution fällig. Bei Einigung verläuft die Abwicklung schnell und Sie können innerhalb weniger Tage einziehen.

Ein Haus/Wohnung kaufen

Überall in der Welt regelt sich der Preis für Immobilien nach Angebot und Nachfrage. Ein 2000 qm großes Grundstück kann hier für $ 4.000,- zu haben sein, dort aber $ 100.000,- kosten. Zu achten ist auf eventuelle Rechte Dritter, besonders bei unterteilten Grundstücken. Das sind in Stadtlage diejenigen Grundstücke, die zum Errichten eines weiteren Hauses in zwei oder mehr Bauplätze aufgeteilt wurden.

Makler: Diesen Berufsstand gibt es überall wie Sand am Meer. Oft gehen die Makler noch einer zusätzlichen Beschäftigung nach. Bei deren Büros handelt es sich häufig um Franchiseunternehmen der großen Immobilienketten. Das Hausangebot ist nur mit riesig zu bezeichnen, weil jeder, der Verkäufer, der Makler und der Käufer versucht, auf dem Immobilienmarkt Geld zu verdienen. Bei aufmerksamen Suchen und Informieren sieht man ein und dasselbe Objekt bei verschiedenen Maklern zu unterschiedlichen Preisen. Die Maklerprovisionen sind sehr oft im Verkaufspreis des Objektes versteckt und werden dem Verkäufer, nicht dem Käufer in Rechnung gestellt. Die Größenordnung liegt bei 6 %, wovon der Makler selbst die eine Hälfte und der Franchisegeber die andere Hälfte bekommt.

Bürokratie: Kurzbeschreibung: Wenig. Hauskauf und Verkauf gehen ähnlich unkompliziert vonstatten wie ein PKW-Kauf. Man einigt sich, bezahlt und läßt in einer Art Grundbuch die Besitzrechte eintragen. In der Regel erledigt dies alles der Makler. Ist er ein eher träger Zeitgenosse, sollten Sie ihn schriftlich dazu verpflichten.

Preise: Das Angebot an zum Verkauf stehenden Häusern ist zur Zeit weltweit verglichen mit der jeweiligen Einwohnerzahl groß. Dieser Umstand übt naturgemäß Druck auf die Preise aus. Wie überall in der Welt entscheiden zusätzlich natürlich Baujahr, Größe und Ausstattung, Größe des Grundstückes und die Lage über den Preis. An der Küste ist die vorderste Reihe immer am teuersten, oft bezahlen Sie nur den Grundstückswert, das Haus gibt es »gratis« dazu.

Finanzierung: Alle Banken sind auf die Hausfinanzierung eingerichtet und mit etwas Glück erhalten Sie Konditionen, zu denen man einfach nicht nein sagen kann. Trauen Sie Ihrem Makler oder dem Verkäufer nicht so recht über den Weg, was dessen Preisgestaltung betrifft, so ist es ein guter Tip, die Bank Ihrer Wahl um einen Kredit darum zu bitten. Die Banksachbearbeiter müssen dann nämlich ganz eigennützig aus Sicherungsgründen prüfen, ob Ihr Objekt den Kaufpreis auch wert ist. Das kostet Sie nichts und mehr als ablehnen können sie nicht.

Haussuche: Die Qual der Wahl

1. Nachdem Sie Ihren Grenzpreis für die Haussuche festgelegt haben, sollten Sie sich zumindest ungefähr entscheiden, in welcher Region Ihr Haus stehen soll. Sodann können Sie folgendes tun:

2. Suchen Sie im Kleinanzeigenteil der Zeitungen und im WWW (WorldWideWeb = Internet) und achten Sie besonders auf die privaten Angebote ohne Makler (auf die Maklerangebote stoßen Sie noch früh genug). Finden Sie dazu heraus, an welchem Wochentag die meisten Anzeigen in der Zeitung (und welche Zeitung die meisten Anzeigen veröffentlicht).

3. Gehen Sie Maklerangebote in deren Büros durch. Das können Sie auch abends nach Feierabend machen, weil die Angebote in den Maklerfenstern sehr zahlreich sind und die Informationen unter den Fotografien der Objekte alle wichtigen Angaben enthalten.

4. Melden Sie sich bei den Maklern Ihrer Zielregion als suchend und geben Sie bei der Frage nach dem maximalen Kaufpreis 10 % weniger als Ihr Limit an. Der Makler wird Ihnen eh auch höhere Angebote vorstellen. Dann haben Sie gleich den ersten Grund zu Preisverhandlungen, ohne das Objekt überhaupt gesehen zu haben.

5. Geben Sie selbst eine Such-Anzeige auf.

6. Die Möglichkeit, die mir am besten gefallen hat: In oder vor fast jedem Maklerbüro liegen Vollfarb-Magazine mit vielen Hausangeboten aus der entsprechenden Region zum kostenlosen Mitnehmen aus. Jedes Haus ist fotografiert, detailliert beschrieben und fast immer steht auch der Preis dabei. Darüber hinaus werden Ihnen gern die entsprechenden Maga-

zine aus Ihrer Zielregion kostenfrei zugesandt. So können Sie in aller Ruhe am Strand oder beim Kaffee Ihr Traumhaus suchen oder eine engere Wahl treffen, ohne aufwendig durch die Gegend fahren zu müssen. Für einen Besichtigungstermin rufen Sie einfach den betreffenden Makler an (. . .und bitten um Rückruf, weil er mit 99 %iger Sicherheit nicht anwesend sein wird).

7. Zusätzlich gibt es noch eine ungewohnte Möglichkeit, ein Haus zu kaufen: Gehen Sie doch einmal auf einen Gebrauchthausmarkt. Ähnlich wie beim Gebrauchtautomarkt sind dort zu verkaufende Häuser geparkt. Auf einem eingezäunten Gelände stehen sie herum und warten auf einen Käufer. Kommt es zum Erwerb, wird das Haus mittels Tieflader zu Ihrem Grundstück gefahren und einfach abgesetzt. Ihr neues Haus hat ein neues Zuhause gefunden. Alle notwendigen Anschlüsse sind schnell gemacht. Eine sehr unkonventionelle Methode, aber nicht schlecht zum Preisverhandeln. Vollständigkeitshalber muß erwähnt werden, daß es sich bei diesen Häusern allenfalls um Mittelklasse-Ausführungen handelt.

8. Daneben gibt es noch die Möglichkeit, aus Gebrauchtteilen wie Wänden und Dächern sich sein Haus selbst zusammenzubauen. Auch für diesen Modulhandel gibt es Märkte. Die Qualität und der Zustand ist jedoch oft nur für Individualisten interessant.

GELD VERDIENEN

Zum legalen Aufnehmen einer bezahlten Beschäftigung in einem „fremden" Land, völlig gleich um welche es sich handelt, benötigen Sie eine Arbeitserlaubnis. Idealerweise eine, die weder nach der Zeit noch nach der Tätigkeit beschränkt ist. In einer SAG ist diese in der Regel bereits enthalten.

Neben dieser unbeschränkten Form der Arbeitserlaubnis gibt es fast überall solche, die der Zeit nach oder der Tätigkeit nach, oder nach beidem beschränkt sind. Diese sind in der Regel nur schwierig zu erhalten, weil der einheimische Arbeitsmarkt überall geschützt wird. Eine zeitlich beschränkte Arbeitserlaubnis enthält natürlich auch eine Aufenthaltsgenehmigung für den gleichen Zeitraum.

Illegal zu arbeiten ist nirgendwo zu empfehlen, alle Länder reagieren darauf sehr ablehnend, um das Mindeste zu sagen. Aber auch für die »Legalen« gilt: Machen Sie sich nicht zuviel Illusionen. Geschenkt wird einem nirgendwo etwas. Öfter als man sich vorstellt wird allerdings eher abgeklärt und gar nicht hektisch mit einer Art »easy going« seiner beruflichen Tätigkeit nachgegangen. Es kann durchaus passieren, daß ein Angestellter nach dem lunch nach Hause geht, um sein Haus zu streichen oder mal wieder mit den Kindern zu spielen, weil der Wetterbericht gerade Sonnenschein angekündigt hat. Wohlgemerkt – ohne daß er Urlaub nimmt, sich krank meldet oder eine Gleitzeitkarte stempelt (Menschen, die diese Möglichkeiten zu sehr ausnutzen, bekommen selbstverständlich überall Probleme).

Dennoch, um eine Tatsache kommt man nicht herum: Es gibt auf der ganzen Welt kein Schlaraffenland. Auch ist die allumfassende Fürsorge von »Vater« Staat, wie Sie es vielleicht gewohnt sind oder eventuell erwarten, eher die Ausnahme, und keinesfalls die Regel. In vielen Ländern ist die Unterstützung durch den Staat im Notfall, sollte er einmal bei Ihnen eintreten, wesentlich bescheidener als in Deutschland. Sie müssen sich fast überall auf der Welt mehr um sich selbst sorgen.

Träumer ohne großes Bankkonto, Menschen, die sich schnellen Reichtum erhoffen oder aber diejenigen, die sich hinsetzen und abwarten, daß Ihnen jemand sagt, was zu tun ist, werden mit großer Wahrscheinlichkeit auch nach ihrer Auswanderung nicht glücklich werden. Auf eine gewisse Art wird von Ihnen erwartet, daß Sie ein/e Selfmademan oder –woman sind. Wille, Zähigkeit, Initiative und Durchhaltevermögen ist gefragt, dann werden Sie erfolgreich sein.

Grundsätzlich haben Sie wie »zuhause« auch die Wahl zwischen einem abhängigem Arbeitsverhältnis als Angestellter und einem unabhängigen Arbeitsverhältnis als ein in irgendeiner Form selbständig Tätiger.

Angestellt

Das erste zu bewältigende Problem wird für Sie sein, überhaupt eine Arbeitsstelle zu erhalten. Obwohl Stellenmärkte sowohl im Internet als auch in den Tageszeitungen häufig recht umfangreich sind, gibt es überall und immer eine große Anzahl von Bewerbern.

Absolut nichts bringt es, eine Stellengesuch-Anzeige aufzugeben. Diese Methode widerstrebt den meisten „ausländischen" Arbeitgeber-Mentalitäten völlig. Kein Arbeitgeber käme auf die Idee Sie anzuschreiben, falls Sie nicht gerade eine extrem ausgefallene und gesuchte Tätigkeit als eine noch extremere Kapazität ausüben. Schon gar nicht wird er Ihnen nach Europa schreiben, geschweige denn Sie zu einen Gespräch einladen. Erfolgversprechender ist da schon eher der „cold call", wenn also Sie das Heft in die Hand nehmen und bei Firmen selbst und persönlich vorstellig werden, ohne daß ein Termin vereinbart wurde. Richten Sie sich auf jeden Fall darauf ein, daß Ihr Durchhaltevermögen strapaziert werden könnte.

Eine Bewerbung besteht zunächst nur aus dem Anschreiben und Ihrem tabellarischen Lebenslauf (C.V. genannt, von Curriculum Vitae, oder resume), beides selbstverständlich in englischer, möglichst fehlerfreier Sprache. Es ist gang und gäbe, diese

Bewerbungsunterlagen bei Bedarf und Möglichkeit per Telefax oder Email an den Stellenanbieter zu senden. Wenn Sie sich also für diesen schnellen und kostengünstigen Weg entscheiden, so resultiert kein Nachteil für Ihre Bewerbung daraus.

Danach melden sich die Arbeitgeber bei Ihnen. Wie schon angedeutet werden es meistens höfliche, aber bestimmte Absagen sein. Nehmen Sie diese um Himmels Willen nicht persönlich. Mit voranschreitender Zeit und etwas Glück werden Sie durch Brief oder Anruf zu einem oder vielleicht auch zwei Vorstellungsgesprächen, sogenannten interviews, gebeten.

Haben Sie erst mal einen Arbeitsvertrag erhalten, werden Sie als Europäer in der Regel gute Karten haben. So objektiv ausgedrückt, wie es mir nur möglich ist, liegt ein Europäer mit leicht unterdurchschnittlicher Arbeitsmoral oft noch im guten Mittelfeld. Ihre Ausgangsvoraussetzungen sind also gar nicht so schlecht.

Lohn/Gehalt: Der Lohn/Das Gehalt ist sehr schwer objektiv zu vergleichen. Nicht nur gibt es sehr unterschiedliche Gehaltszahlungen, sondern auch die Besteuerung kann extrem unterschiedlich sein. Dazu kommen weltweite Schwankungen der Lebenshaltungskosten in Größenordnungen, die man sich nicht vorstellen kann, bevor man es nicht selbst erlebt hat. Wenn beispielsweise „das Auto volltanken" nur 4 Dollar kostet, dann geht kein Lebensstandard verloren, wenn man 100 Euro weniger im Monat verdient. Eher steigt er, trotz niedrigerem Einkommen.

Arbeitszeit: Weltweit hat sich, so ungefähr, die 5-Tage-40h-Woche eingebürgert, obwohl Geschäfte und Supermärkte fast überall länger geöffnet haben als gewohnt, oft auch an Feiertagen. Kleinere Shops, Banken und Versicherungen öffnen zwischen 8.00 und 9.00 Uhr und schließen pünktlich um 17.00 Uhr, was dann auch der persönlichen Arbeitszeit entspricht. Die Zahl der Urlaubstage ist stark vom Arbeitgeber abhängig, erreicht aber häufig nicht die gewohnte Menge aus Deutschland.

Ihre Bewerbung

Die Art und Weise der schriftlichen Bewerbung ist wieder einmal wunderbar unkompliziert. Eine Bewerbung in den meisten englischsprachigen Ländern dieser Erde besteht zunächst nur aus Anschreiben und tabellarischen Lebenslauf. Keine Zeugnisse, keine Arbeitsproben, nichts weiter ist mitzusenden. Obendrein ist es wie schon gesagt gang und gäbe, diese Bewerbungsunterlagen bei Bedarf und Möglichkeit per Email oder Telefax an den Stellenanbieter zu senden. Nicht immer melden sich die Arbeitgeber bei Ihnen um abzusagen. Der mit Abstand wichtigste Bestandteil einer jeder Bewerbung ist der Lebenslauf. Einige Muster finden Sie weiter unten.

Der Lebenslauf: Ihr Lebenslauf ist der einfachste Weg, um potentielle Arbeitgeber über Sie und Ihre Fähigkeiten auf knappsten Raum zu informieren. Er ist Ihr Marketingwerkzeug, mit dem Sie Ihre Kenntnisse und Fähigkeiten zum Verkauf anbieten! Dabei stehen Sie möglicherweise im Wettbewerb mit Hunderten anderer Bewerber. Stechen Sie also mit Stil hervor! Es werden im allgemeinen unterschiedliche Aufbauarten unterschieden, die Sie in den nachfolgenden Mustern finden. Die üblichen Regeln wie sich kurz und präzise halten und wenig »ich« verwenden, gelten hier genau so. Auch das Erscheinungsbild ist wichtig wie eh und je. Liefert es doch einen, oder besser, d e n ersten Eindruck über Sie.

Das Anschreiben: . . .gehört immer dazu. Einzige Ausnahme: Der Arbeitgeber sagt, daß er keines möchte. Das kommt vor. In allen anderen Fällen dient es dazu, Sie interessant zu machen. Deshalb sollten Sie durchblicken lassen, das Ihnen die Firma nicht unbekannt ist und welche Fähigkeiten und Erfahrungen Sie besitzen. Treffen Sie klare und prägnante Aussagen. Wichtige Details gehören in dieses Schreiben, nicht in den Lebenslauf. Die Gliederung ist immer die gleiche:

Einleitung. Sagen Sie, wer Sie sind und wie Sie auf die Stelle aufmerksam geworden sind. Falls es sich um eine Empfehlung handelt, nennen Sie die Referenz beim Namen. *Zur Sache.*

Zeigen Sie Interesse an der Firma und an der ausgeschriebenen Stelle. Sie können auch erzählen, was Sie alles unternommen haben, um mehr über die Firma zu erfahren. Gehen Sie auf kürzliche Nachrichten oder sonstiges ein, das mit der Stelle und der Firma in Verbindung steht. *Zusammenfassung.* Kurzes Ansprechen der höchsten Ausbildung/Erfahrung und Praxis/ Tatsachen, die nicht in den Lebenslauf gehören. *Vorbeugung.* Klären Sie eventuelle Mißverständnisse auf, die beim Lesen des Resumes eventuell entstehen könnten, zum Beispiel nicht erklärte Zeitabschnitte. Offenheit wird sehr hoch angesehen. *Abschluß.* Beenden Sie Ihren Text mit einer Bemerkung über den nächsten Schritt (sich freuen auf eine Einladung zum Interview etc.)

Nachfolgend finden Sie einige Muster für Lebensläufe, Anschreiben und einen Dankesbrief in englischer Sprache. Es handelt sich dabei um authentische Schreiben in üblichem Business Englisch. Namen und Daten sind natürlich erfunden. Es wurden mit Absicht umfangreiche Schreiben ausgewählt, damit Sie eine große Auswahl an englischen Ausdrücken vorfinden, die auch auf Ihre Verhältnisse passen könnten. Machen Sie sich deshalb keine Sorgen, falls Ihre persönliche Version nicht so viele Daten enthält. Quantität bestimmt nicht über Erfolg.

Tips zum Verhalten im Bewerbungsgespräch

- Vermeiden Sie es möglichst, den vorgeschlagenen Termin zu ändern. Das würde eventuell als nicht ausreichendes Interesse an der Stellung ausgelegt.
- Übertreiben Sie nicht mit Ihrer Kleidung am Vorstellungstag. Ein durchschnittlich gut bekleideter Mitteleuropäer liegt an vielen Orten der Welt bereits an der Grenze zu „overdressed". Das gilt sowohl für Damen als auch für Herren.
- Je besser Sie englisch sprechen, um so vorteilhafter für Sie.
- Bedrängen Sie den Arbeitgeber nicht mit unangenehmen Fragen oder zunächst ungewöhnlichen Forderungen. Der Personalbearbeiter oder Firmeninhaber hat eine große Auswahl an Bewerbern und fühlt sich sofort unwohl bei Streß, Hektik etc.
- Überall zählt fast ausschließlich Ihre Leistung, und fast gar nichts Ihre Ausbildung. Sie werden mit einem Argument wie »...aber ich bin doch studierte Dipl.-Mathematikerin« weder einen Arbeitsplatz bekommen noch, falls Sie schon einen haben, ein höheres Gehalt durchsetzen.

MUSTER: Der Skills-Based Resume

Michaela Mustermann
Sowiesostraße 95
12345 Irgendwostadt
Germany
Phone 01149-69-1234567   (Es dem Arbeitgeber einfach machen, lautet die Devise. 01149 ist die US-Vorwahl für Deutschland.)

Objective
To gain firsthand technical medical experience, while applying a varied medical and management background and pre-medical education.

Medical Experience
Williams College First Responder, Williams College, Williamstown, MA, Sept. 2003 to Dec. 2004

Worked weekly 12-hour call shifts. Answered campus medical emergencies with EMTs. Treated emergency injuries.

Health Service Worker, Williams College, Sept. 2003 to Dec. 2004

Created and ran AIDS outreach and prevention program. Provided medical transport for patients. Wrote campuswide informational letters and medical releases for school newspaper. Oversaw office management.

Dialysis Technician, Crozier-Pajaro Dialysis Unit, Pajaro, PA, July 2004 to Sept. 2004

Responsible for set-up and take-down of dialysis machines. Removed IVs, patched up patients, took BPs, checked charts and administered medication. Maintained dialysis machines.

Medical Intern, Clark Medical Center, Springfield, MA, Dec. 2003 to March 2004

Worked with doctors to view various aspects of medical care. Aided office administrator in preparation of medical center reports. Gained exposure to general practitioning, surgery and neighborhood health clinics.

Other Experience
Sales Associate, Ann Taylor, Chicago, IL, June 2005 to Present

Brought in $500,000 in sales of women's separates. Managed client book services and customer service issues. Coordinated donations of goods to local homeless charities.

Manager, Finlandia, Middletown, PA, June 2002 to Sept. 2002

Sold $20,000 worth of merchandise at artist's boutique and clothing store. Managed staff of five. Founded apprentice program for young artists.

Education
Williams College, Bachelor of Arts, Biochemistry, Degree earned in May 2005

Pre-medical degree equivalent with concentrations in biology and chemistry.

Kings College, London, England, Jan. 2003 to June 2003
Completed studies in biology, anatomy and Spanish language.

MUSTER: Der Chronological Resume

Anna Bolika
Cashstraße 66
12345 Dollerdemark
Germany
Phone 10.000.000$

Certification
Certified Public Accountant, Texas

Professional Experience
BigTime Computer Services LTD., Austin, TX
Assistant Treasurer — July 2005 to Present

Manage corporate case of $35 million to $50 million in various tier-one investment facilities, including commercial paper, repurchase agreements, Eurodollars and collateralized mortgage obligations.Assist in negotiating covenants, closing and syndicating a $90 million credit facility. Also responsible for amending loan facilities and covenants, setting up letters of credit and co-managing the corporate banking relationships with eight lending institutions. Responsible for negotiating bank fees, approving wire transfers and setting interest rates on loans.

Accountant, Corporate Acquisition Team — June 2004 to July 2005
Evaluated potential acquisition candidates, drafted confidentiality agreements, wrote letters of intent and managed the financial due diligence for acquisition target companies. Prepared financial acquisition models, financial turnaround and shutdown strategies. Wrote and presented Board of Directors' approval packages and reviewed definitive acquisition agreements.

Senior Financial Analyst — July 2002 to June 2004
Completed due diligence on acquisition candidates, prepared financial acquisition models and financial business plans. Prepared internal financial models and assisted with closing bank credit facilities and setting loan covenants. Researched, composed and issued the company's quarterly letter to shareholders, with complete financial statement analysis. Led fraud prevention team, implemented procedures to prevent check fraud, and coordinated team, including local and federal authorities, to arrest check fraud criminals.

Hughes & Springer, Dallas, TX, Audit Senior Associate — June 2000 to July 2002

Audited accounts and procedures for oil, gas, manufacturing and banking industries. Managed audits for private and public companies. Coordinated overall engagement administration, including planning and supervising fieldwork, preparing and reviewing financial statements and ensuring the profitability of the engagement. Supervised bank closing teams for RTC projects and researched various accounting issues. Instructed staff training courses. Member of the firm's college recruiting team.

Audit Associate — Sept. 1998 to June 2000
Audited accounts for the oil and gas industries.

Education

University of Texas at Austin, Austin, TX
Bachelor of Business Administration, Accounting; degree earned Aug. 1998

MUSTER: Begleitschreiben

Capt.
James T. Kirk
Starship Enterprise, Command Chair
Starfleet Federation Quadrant 21.256.3
HyperspacePhone USS100001001101101010100010010 (sauteuer!)

May 29, 2008, or whatever date on Earth now is.

Paul Smith
Director of Human Resources
Saint Joseph Hospital
1212 N. Seville St., 10th Floor
Springfield, CA 60661

Dear Mr. Smith:

Enclosed is a copy of my resume in response to your advertisement for a purchasing manager in the May 29 Middletown Gazette.

With more than 15 years of experience in health care purchasing and a proven record of accomplishments, I believe I am qualified for this position.

In the past two years, as the Assistant Director of Purchasing at Brodsky Memorial Hospital, I have honed my communications and teamwork skills. In that position, I have helped develop hospital-wide policy and procedures for supply procurement, capital equipment and service agreement purchasing. I also am responsible for a staff of 20, and have worked with several key departments in the hospital. My experience includes:

> Purchasing, receiving, inventory control and distribution
> Contract negotiations, supplies and equipment
> Logistics, patient and equipment transportation
> Capital equipment evaluation and purchasing
> Expertise in computerized management of materials, spreadsheets, databases, word processing and other projects
> Maintenance agreement analysis and purchasing
> Health care materials management and systems consulting

I look forward to discussing my background and accomplishments with you and learning more about your needs. I will call next week to arrange a time to meet.
I can be contacted during the day at (209) 555-1244, or you may leave a message with my answering service at (209) 555-5285.

Thank you for your consideration.

Sincerely,

James T. Kirk

MUSTER: Dankeschön-Brief

Gerhard Schröder
Sackgasse No. 1a
0000 Nizwissenmachtnix
Tel: An der Datenautobahn

Ms. Monica Lewinsky
Employment Specialist
XYZ Company
618 N. Grand
Tustin, IL 60643

January 31, 2009

Dear Ms. Lewinsky:

It was a pleasure to meet with you Monday morning. You gave me a good understanding of the Marketing Executive position and I enjoyed our discussion. I believe I can apply my background in the bottling industry and in sales to help you achieve your goal of increasing XYZ's penetration in the East Coast market.

Over the past 10 years, I have honed my selling skills to produce solid sales figures for my employers. My ability to identify potential buyers, consolidate information from multiple sources and form strategies has proven successful in discovering untapped customers and convincing them to buy. I'd like to put my experience and skills to work for you.

I am truly interested in and feel well qualified for your Marketing Executive position. It is just the kind of challenging opportunity I have been seeking, and I hope we can meet again soon for further discussion. I can be reached during the daytime at (444) 555-2465.

Thank you again for your time and interest.

Best regards,
Yours Gerhard

Berufsbezeichnungen Englisch - Deutsch

Accountant	Buchhalter
Administrative Assistant	Verwaltungsangestellter
Advertising Artist	Werbezeichner
Agricultural	Landwirtschaftsbezogene Berufe
Auto Mechanic	Automechaniker
Automotive	Kfz-Technik bezogene Berufe
Baker	Bäcker
Barrister	Rechtsanwalt an höheren Gerichten
Biologist	Biologe
Bookkeeping cleerk	Kontorist
Care worker	Fürsorgedienst
Carpenter	Zimmermann
Chamberperson	Zimmermädchen
Chemist	Chemiker
Civil engineer	Bauingenieur
Clerk	Bürohilfe
Cook	Koch
Dentist	Zahnarzt
Dishwasher	Küchenhilfe
Draftsperson	Technischer Zeichner
Economist	Wirtschaftsfachmann
Electrician	Elektriker
Editor	Redakteur
Engineer	Jede Form von Ingenieur, auch Mechaniker
Farmer	Landwirt
Hairdresser	Friseur
Heavy equipment operator	Kran-/Baggerführer
Insurance salesperson	Versicherungsvertreter
Librarian	Bibliothekar
Miner	Bergwerksarbeiter
Nurse	Krankenschwester
Optician	Optiker
Painter	Maler
Panel beater	Karosseriebauer
Pharmacist	Apotheker
Physician	Arzt
Plasterer	Verputzer
Plumber	Klemptner
Real estate agent	Immobilienmakler
Receptionist	Empfangsperson
Researcher	Forscher
Salesperson	Verkäufer
Sales representative	Handelsvertreter
Secretary	Sekretärin
Security Guard	Wachmann
Sheet metal worker	Blechschlosser
Social worker	Sozialarbeiter
Solicitor	Rechtsanwalt,-beistand
Surveyor	Sachverständiger
Teller	Bankangestellter
Truck driver/mechanic	LKW-Fahrer
Veterinarian	Tierarzt
Welder	Schweißer

Selbständig arbeiten

Vielerorten in der Welt ist der Weg in die Selbständigkeit verwaltungstechnisch unproblematischer als in Deutschland. Ob aus diesem Grund oder nicht, jedenfalls ist ebenso nahezu überall in der Welt die Zahl der selbständigen Bürger höher als in Deutschland. Oder anders herum: Da Deutschland eine der niedrigsten Selbstständigkeitsraten der gesamten Welt hat, werden Sie überall anderswo mehr Selbstständige finden. Dies liegt zum Teil daran, daß die behördlichen Steine auf dem Weg zur Selbstständigkeit dort höchstens aus feingekörntem Kiesel bestehen. So ist zum Beispiel ein Meisterbrief unbekannt und damit auch nicht erforderlich. Einer selbständigen Tätigkeit als Plumber (engl.: Installateur) kann im Prinzip jedermann nachgehen, der Lust dazu hat und sich befähigt glaubt. Der Markt entscheidet. Und je nach Zielland gibt es Berufsmöglichkeiten, an die Sie vielleicht „zuhause" gar nicht denken: Segellehrer, Bootsvermieter, Tauchlehrer, Bergführer usw.

Zum anderen Teil liegt die höhere Selbstständigkeitsquote aber auch an den weniger vorhandenen abhängigen Arbeitsplätzen. Deshalb ist der Wettbewerb in vielen Marktbereichen stärker als gewohnt. Der Staat hat seine Aufsichts- und Kontrollfunktion im Vergleich zu Deutschland oft auf ein Mindestmaß beschränkt. Vergleichende Werbung ist an der Tagesordnung. Probleme werden weit öfter als in Deutschland persönlich geregelt. Menschen, die sich oft und gerne auf Polizei, Gewerbeaufsicht oder irgendein anderes Amt berufen, werden es vermutlich nicht allzu leicht haben.

Die Rechtsform Ihrer Firma

Grundsätzlich bestehen die gleichen Möglichkeiten wie in Europa bei voller Gewerbefreiheit. Im Vergleich zu Deutschland herrscht erweiterte Gewerbefreiheit, eben weil zum Beispiel ein Meisterbrief für die Eröffnung Ihres eigenen Handwerksbetriebes nicht benötigt wird. Allerdings werden zur Ausübung bestimmter Berufe besondere Genehmigungen gefordert, die erst nach Zusatzprüfungen ausgegeben werden. Zu diesen besonderen Berufsgruppen gehören Mediziner jeder Fachrichtung ebenso wie Elektriker oder Bauingenieure. Von der Medizinerprüfung ist weltweit bekannt, daß diese nicht einfach ist, da die jeweiligen Nationen Ihren einheimischen Markt in diesem Bereich besonders schützen möchten. Ich selbst lernte einmal einen deutschen Arzt der Allgemeinmedizin kennen, der mit seiner Familie nach Neuseeland ausgewandert war und nach mehrmaligem Anlauf zur Prüfung aufgegeben hat. Er arbeitet nun berufsfremd.

Einzelfirma: Für die eigene Einzelfirma, in der Sie als eigenverantwortlich Ihrer Tätigkeit nachgehen, gibt es regelmäßig nur wenig Vorschriften aus der Verwaltung. Einzige Aufgabe für Sie ist häufig die Anmeldung beim Finanzamt. Damit ist den behördlichen Anforderungen meist Genüge getan und sie können durchstarten. Ich drücke Ihnen die Daumen und wünsche viel Erfolg.

Limited (Ltd.) und Inc. (= incorporated): Verwaltungstechnisch nur wenig anspruchsvoller, aber mit einem besserem Business-Image versehen ist die sogenannte Limited (Abkürzung Ltd.), das Pedant zur deutschen GmbH (Gesellschaft mit beschränkter Haftung). In der Haftung beschränkt sind beide auf Ihr Einlagekapital, das Sie allein oder zusammen mit anderen Gesellschaftern aufbringen müssen. In Deutschland ist ein Mindeststammkapital von zehntausenden Euro vorgeschrieben, woanders ist der Mindestbetrag häufig nur ein symbolischer Dollar. Aus Glaubwürdigkeitsgründen wird allerdings häufig freiwillig mehr eingesetzt. Die Anteile (shares) sind beliebig verteilbar, auch an Personen mit Wohnsitz in Übersee. Beispiel: Sie beabsichtigen, die Müller Ltd. in Florida mit einem Stammkapital von $ 5000,- zu gründen und bestimmen die Anzahl der shares auf 100 Stück. Davon könnten zum Beispiel Sie 51, ein kanadischer Geschäftspartner 30 und Ihr Bruder in Deutschland 19 zeichnen. Letzteres gilt ebenso für die Inc.

Andere: Selbstverständlich gibt es in jedem Land der Erde die verschiedensten Formen von AG's, Trusts, steuerbefreiten oder steuerbefreienden Vereinen usw. usw. Über diese Fälle kann dieses Buch aus offensichtlichen Gründen nicht umfassend und schon gar nicht individuell informieren. Bitte setzen Sie sich mit einen Anwalt oder geprüften Buchhalter in Verbindung.

Unsere Bestseller & Neuhelten

Allein gelassen? Die Exliebe wiedergewinnen

Wenn die Liebe zur Tür hinaus ist und alles nach lebenslangem Novemberwetter ausschaut, dann regiert die Sehnsucht pur: So schön wäre es, wieder von ihm/ihr in den Arm genommen zu werden. Dieser Ratgeber enthält eine ausführliche Schritt-für-Schritt Anleitung für Ihren möglichen Anfang vom Happy-End: Leicht verständlich sind mehrere Psychologieprinzipien zusammengefaßt, um Ihrer Ex-Liebe das „Ex" sanft aus der Hand zu nehmen. 4. Auflage 2010 · 12 x 19 cm · Euro 7,90 · ISBN 978-3-8311-1825-0. Auch in 2 erweiterten Ausgaben erhältlich (siehe nächste Seite).

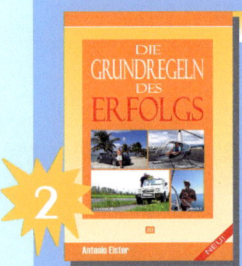

Die Grundregeln des Erfolgs. So werden Sie erfolg-

reich. Ob in der Partnerschaft, im Beruf, oder beim Kontostand – erfolgreich werden Menschen überall auf der Welt auf ähnliche Weise, weil alle Menschen einer ähnlichen Psychologie folgen. In diesem Ratgeber erfahren Sie die Grundregeln jedes Erfolges. So können Sie ab sofort die richtigen Entscheidungen in Ihrem Leben treffen. Denn es ist Ihres, und Sie haben nur eines. Nur Sie allein bestimmen Ihre Ziele, und ob Sie diese Ziele erreichen. Oder ob Sie sich abbringen, ablenken oder bevormunden lassen. 2010 · 12 x 19 cm · Euro 9,95 · ISBN 978-3-8391-2049-1

Auswandern. Die wichtigsten Schritte

Wer hat nicht schon einmal daran gedacht: In einem anderen Land leben. Entweder regelmäßig für ein paar Monate, oder gleich ganz: Tropisches Meer oder alpine Berge genießen. Freier und freundlicher seine Tage verbringen, vielleicht sogar kostengünstiger. Doch wie geht das überhaupt - auswandern ? In diesem Ratgeber werden die wichtigsten Schritte jeder Auswanderung beschrieben: Was sind die Grundvoraussetzungen ? Wie wird die Abreise und Ankunft geschickt vorbereitet ? Und was müssen die ersten Schritte im Wunschland sein ? 2010 · DIN A5 · Euro 8,95 · ISBN 978-3-8391-2273-0

Allein gelassen ? Die Exliebe wiedergewinnen ...
und zusammenbleiben!

Zusätzlich zur ausführlichen Schritt-für-Schritt Anleitung aus dem bekannten Titel „Allein gelassen ? Die Exliebe wiedergewinnen" enthält dieser Ratgeber genaue Erläuterungen, wie aus Ihrer wiederhergestellten Beziehung eine dauernde Partnerschaft wird: Mehr als 25 konkrete Einzelratschläge zum täglichen Zusammensein unterstützen Sie, ein langes und glückliches Leben zu zweit aufzubauen. 2. Auflage 2009 · 12 x 19 cm · Euro 11,90 · ISBN 978-3-8330-0692-0. Kurzausgabe: **Allein gelassen? Die Exliebe wiedergewinnen...und die 10 wichtigsten Tips zum Zusammenbleiben!** 2008 · Euro 9,90 · ISBN 978-3-8370-6876-4

Deutscher Patentschutz für 40 Euro
Wie Ihre kleinen Ideen & Erfindungen großes Geld verdienen

Irgendwann hat jeder eine gute Produktidee. Doch Gelderfolg stellt sich selten ein, weil wertvolles geistiges Eigentum ungeschützt bleibt: „...Zu kompliziert, zu teuer.." lautet meist die Begründung. Dabei ist echter deutscher Patentschutz bereits für 40 Euro erhältlich: Bis zu 10 Jahre lang, und ohne Anwaltszwang. Hier wird das offizielle Patentamts-Verfahren samt dem einfachen Antrag leichtverständlich vorgestellt. 2. akt. Auflage 2009 · DIN A5 · Euro 7,95 · ISBN 978-3-8334-2638-4. Auch in englischer Sprache erhältlich.

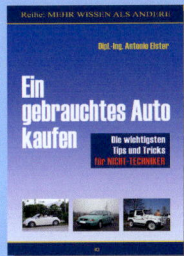

Ein gebrauchtes Auto kaufen
Die wichtigsten Tips & Tricks für Nicht-Techniker

Auf dem Privatmarkt gibt es häufig bessere und günstigere Angebote als beim Händler – wenn man sich nur ein wenig auskennt. Aber wie finden sich die guten Angebote unter den zahlreichen fragwürdigen? Hier erfahren die Leser wichtige Tips & Tricks vom Diplom-Ingenieur und können viel Geld sparen: 1. Welche Anzeigen Sie besser nicht anrufen. 2. Wie Sie geschickt mit dem Verkäufer umgehen. 3. Wie Sie versteckte Mängel entdecken. 2007 · DIN A5 · Euro 7,95 · ISBN 978-3-8334-9079-8

Frauen zum Heiraten verführen

Heiraten – das höchste Ziel einer guten Partnerschaft auf ihrem Weg zur besten. Doch wenn „die Beste von allen" noch nicht so recht überzeugt ist, dann hilft dieser Ratgeber dem modernen Mann: Für zahlreiche Alltagssituationen erfährt der Leser leicht verständliches und einfach anzuwendendes, psychologisches Know-How, um in ihrem Kopf die Hochzeitsgedanken hüpfen zu lassen: So schön kann Zweisamkeit werden. 2010 · 12 x 19 cm · Euro 8,90 · ISBN 978-3-8391-1885-6

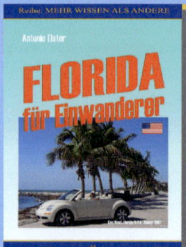

Florida für Einwanderer

Sonne, Palmen und Meer – damit ist für die meisten Menschen Florida, der tropische Bundesstaat der USA, beschrieben. Doch wer hier länger leben möchte als 2 Wochen, wer vielleicht gar Resident sein möchte, dem nutzt das typische Urlaubswissen nur wenig. In diesem Ratgeber wird Florida für Einwanderer beschrieben: Seine Geographie, das Klima, die Wirtschaft und Politik. Danach erfahren Sie alles Nötige über das Wohnen, Arbeiten, die Steuern und vieles mehr aus erster Hand. 2009 · DIN A5 · Euro 9,95 · ISBN 978-3-8370-8866-3

Dick sein – Nein Danke!

Schlank werden und sein – für viele moderne Menschen ein Dauerthema. Dabei ist Abnehmen viel einfacher als die Meisten glauben: Jeder Körper kann auf ein frei gewähltes Wunschgewicht „eingestellt" werden. Leichtverständliche Kenntnisse reichen aus, denn die mächtige MMF-Regel macht es möglich: Schöner, gesünder und sogar kostengünstiger leben, kurz: Endlich glücklich sein. Hier erfahren Sie das Grundgesetz jedes Schlankseins – ohne Kosten zum Sofortstart geeignet. 2010 · 12 x 19 cm · Euro 8,95 · ISBN 978-3-8391-0921-2

Wegziehen in die USA
Das Wichtigste zu Visa, Wohnung, Arbeit, Auto, Finanzen

Die USA sind Top-Einwanderungsziel unserer Erde. Dieser Ratgeber ist die Basis für den ersten Schritt in das Land der unbegrenzten Möglichkeiten. Konkret wird der Leser über die wichtigsten Fragen informiert: Visaarten, Kauf und Miete von Wohnung und Haus, Stellensuche, Selbstständigkeit, Autokauf und Finanzen werden zu einem günstigen Preis nahegebracht. 2002 · DIN A5 · Euro 6,95 · ISBN 978-3-8311-4048-0.

Der richtige Lizenzvertrag für Patent-Inhaber und Erfinder

In „Deutscher Patentschutz für 40 Euro" wird gezeigt, wie das eigene geistige Eigentum zügig und kostengünstig beim Deutschen Patentamt geschützt wird. Doch wie erhält man dann einen Lizenzvertrag ? Und was gehört hinein ? Hier wird ein echter Vertrag zwischen Erfinder und Produktionsunternehmen Punkt für Punkt vorgestellt und erläutert. So erhalten Sie wertvolle Unterstützung, um bares Geld zu sparen und zu verdienen: Bei Lizenzgebühren, Anwaltsauslagen und durch Erinnerung an Vertragsrisiken, an die nicht jeder denkt. 2009 · DIN A5 · Euro 9,95 · ISBN 978-3-8370-8867-0

Männer zum Heiraten verführen. 40 Do's & Don'ts

Heiraten – für viele Frauen das romantischste Ziel einer guten Partnerschaft auf ihrem Weg zur besten. Doch falls „der Beste von allen" noch nicht so recht überzeugt ist, oder die Beziehung noch etwas Feinschliff benötigt, dann hilft dieser Ratgeber der modernen Frau. In 40 Einzelpunkten erfährt die Leserin leicht verständliches und einfach anzuwendendes psychologisches Wissen, um in seinem Kopf die Hochzeitsgedanken hüpfen zu lassen. 2003 · 12 x 19 cm · Euro 8,90 · ISBN 978-3-8311-4235-4

Auswandern. Die menschliche Seite.

Hier wird die menschliche, die emotionelle Seite einer Auswanderung geschildert: Warum und wieso eigentlich weg aus Deutschland ? Wie steht der Partner dazu ? Und was wird aus der Beziehung in der Ferne ? Die wahren Erlebnisse eines jungen Paares aus Deutschland – erst ins entfernte Neuseeland, dann in die USA – faszinieren und machen gleichzeitig nachdenklich: Innig liebend zu zweit, plötzlich allein und verlassen, dann zwei neue »Love Birds« in einem neuen, traumhaften Leben: Wer nicht aufgibt, der erreicht seine Ziele. 2010 · 12 x 19 cm · Euro 9,95 · ISBN 978-3-8370-9291-2

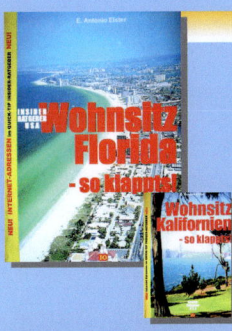

Wohnsitz Florida – so klappts!

Um sich in den USA erfolgreich niederzulassen, sei es zeitweilig oder permanent, ist viel amerikanisches Know-how notwendig. Die Wohnsitz-Ratgeber über Florida und Kalifornien sind umfassende, detaillierte Handbücher zu dem jeweiligen US-Bundesstaat: Visamöglichkeiten, Hauskauf, Autokauf, Steuern, Stellensuche - kurz, das komplette Gewusst-Wie zum Leben genießen in den USA erfährt der Leser aus erster Hand. Ebenso enthalten sind viele ausgewählte Tips, Anschriften und Internetadressen, wie sie nur die Praxis liefern kann. **Florida: 2000 · DIN A5 · Euro 15,29 · ISBN 978-3-89811-216-1 Kalifornien: 2000 · DIN A5 · Euro 15,29 · ISBN 978-3-8981-1332-8**

100 verblüffende Autogeheimnisse

Nur wenige Menschen ahnen, welche verblüffenden Geheimnisse die erfolgreichste Maschine der Erde verbirgt. In diesem Buch wird erstaunliches Auto-Wissen leicht verständlich vorgestellt. Wer sich nicht sicher ist, wieviel PS ein Pferd hat, wie ein Kühler in 5 Minuten selbst repariert wird, ob die „James-Bond-Wende" wirklich funktioniert, daß Autos viel grüner sind als ICE-Züge...und weitere 96 Tatsachen wissen möchte, die üblicherweise Kfz-Ingenieuren vorbehalten bleiben – der erfährt hier weithin unbekannte Eigenschaften unserer Autos. 2002 · DIN A5 · Euro 15,90 · ISBN 978-3-8311-1826-7

► **Tips & Tricks zu GreenCard und B-Visa** Die USA sind Top-Einwanderungsziel unserer Erde. Dieser Ratgeber informiert alle Menschen, die sich zeitweise oder permanent dort niederlassen möchten über die beiden gängigsten Visaformen. Er erklärt die Unterschiede zwischen GreenCard und B1/B2 Visum, und worauf es bei den amerikanischen Behörden bei der Beantragung ankommt. 2000 · DIN A5 · Euro 6,60 · ISBN 978-3-89811-159-1

► **Bevor es zu spät ist. Die Trennung verhindern** Wenn zu spüren ist, daß die Liebe zur Tür hinaus will, dann ist es höchste Zeit zu reagieren. Doch wie können Sie Ihre Beziehung noch retten ? Hier erfahren Sie mehr als 30 wertvolle Tips aus der praktischen Psychologie, damit Ihr Partner seine Trennungsgedanken noch einmal überdenkt. Bevor es zu spät ist, können Sie mithilfe dieses Ratgebers einen fundierten Rettungsversuch für Ihre Beziehung unternehmen. Gleichzeitig legen Sie die Grundsteine für eine lange und glückliche Beziehung – gerade jetzt, wenn es so gar nicht danach ausschaut. 2009 · 12 x 19 cm · Euro 8,95 · ISBN 978-3-8370-8865-6

► **Alltag grau – Yachtbesitz bräunt** „Durchschnitts-Landratte wird Schiffsbesitzer" - wer hat davon noch nicht geträumt? Hier ist der Beweis, daß wirklich jeder Mann und jede Frau ein neues Leben beginnen kann. Spannend und unterhaltsam werden die Erlebnisse eines völlig boots-unerfahrenen Menschen aus Deutschland erzählt – auf seinem Weg zum süßen, unbeschwerten Leben auf der eigenen Yacht in Florida: Ab sofort ist jedes Jahr das beste Jahr. 2000 · 12 x 19 cm · Euro 12,74 · ISBN 978-3-8981-1334-2

► **Amerika: Visa•Wohnen•Arbeiten•Auto•Finanzen** Aufbauend auf „Wegziehen in die USA" liefert dieser Ratgeber noch detailliertere USA-Informationen, die weit über das übliche Urlaubswissen hinausgehen: Visaformen, Hauskauf und Anmietung, Stellensuche, Firmengründung, Autokauf, Führerscheine, Banken und Steuern. 2001 · DIN A4 · Euro 9,95 · ISBN 978-3-8311-1922-6

► **Tipps & Tricks für Autofahrer** Praktisches Auto Know-How spart Geld im Alltag, hilft weiter und macht Spaß – besonders, wenn es sogar manchem Automechaniker unbekannt ist: Hier werden verblüffende Tips & Tricks rund um das Auto vorgestellt, die jeder Mann und jede Frau anwenden kann. So wird das Konto bei Reparaturen und beim Gebrauchtwagenkauf geschont, und der Leser weist sich bei Freunden und Bekannten als gewiefter Fachmann aus. 2004 · DIN A5 · Euro 5,95 · ISBN 978-3-8334-0764-2

► **Hexen heute erkennen** Viele Menschen wissen intuitiv: In unserer Welt existieren Kenntnisse und Fähigkeiten, die den Wissenschaften verborgen bleiben, und von denen nur wenige zu träumen wagen: Wirkliche Hexen sind unter uns. Daß die klugen Zauberinnen, zu unrecht oft als „böse" abgestempelt, heutzutage nicht als alte Frauen mit schwarzer Katze auftreten, ist vielen klar. Doch wie sind sie dann auszumachen? Und sollte man das überhaupt versuchen? 2005 · 12 x 19 cm · Euro 8,90 · ISBN 978-3-8334-3192-0

► **Land in Feindeshand – Deutschland wird sozialistisch** Viele Anzeichen der deutschen und europäischen Politik geben Anlaß zu Sorge: Um die persönliche Freiheit, um persönliches Eigentum und um die kommende Generation. Zeichen totalitärer Prinzipien und Denkweisen verstärken sich. Zieht schon wieder der häßliche und latent kriminelle Sozialismus auf? 2003 · 12 x 19 cm · Euro 9,90 · ISBN 978-3-8330-0485-8

► **Tanken für 0,99 (DM)** Für alle Dieselfahrer und an Technik interessierte Menschen: Dieselmotoren sind Mehrstoffmaschinen, die mit verschiedenen Kraftstoffen zuverlässig arbeiten. Wie und wo das eigene Diesel-Fahrzeug mit VEGA 9010, dem günstigen, überall erhältlichen und umweltfreundlichen Spar-Kraftstoff betankt wird, das beschreibt dieser Ratgeber. Ohne Umbaukosten! 2001 · 12 x 19 cm · Euro 9,95 · ISBN 978-3-8311-2173-1